✎ 前言

看着自己的孩子从儿童成长为少年，想到有一天，当他步入社会的时候，这个世界会变成什么模样？他会不会也对改变世界充满了憧憬，在经历了挫折与失败后才会认真地看待社会发展的本质？这时，我突然有了写书的冲动。虽然不能替孩子选择要走的路，但为他提前做好一些理解发展逻辑的准备也是好的。

既然要写书，我的脑海中不断浮现出进入社会这二十年间帮助过自己的师长、领导、朋友、同事。在他们的帮助下，我的认知边界不断延展，逐渐形成看待经济社会发展的视角。原来，经济社会、组织、企业与个人一样，都有自己内在的选择与发展逻辑。

我在工作中，看到同事们所做的有价值的事情，如同散落在沙滩上的珍珠，虽然一颗颗珍珠散发出柔和的光泽，但很难把它们串起来。组织越大，珍珠越多，串起来的难度就越大。于是，人浮于事的"大企业病"随之而来。品牌和营销在企业中的定位是什么？它们和产品在企业运转中有什么关系？运营在其中起到什么作用？产品和服务要体现什么？

它们承载了什么？已经是基础设施的信息技术如此庞大，它们是怎么串联起来支撑业务发展的？我们能够找到著作和论文解答每一个问题，但从整体的角度来看，很难一窥全豹。如果我们能把这些珍珠都串起来，找出每颗珍珠之间的联系，会不会带来不一样的改变？

曾经有位领导对我说："当目标确定，路径明确以后，需要确保的就是执行过程的无误。如果过程把控到位，那么结果再差也差不到哪儿去。"我对这句话深以为然，这可能真正说出了"结果导向"的本质。只有在统一目标的指引下，所有的工作才有方向，只有确保这些工作顺利执行，才会真正实现"结果导向"。但不是每项工作都是"结果导向"的。定位不同，有些工作只注重过程，并不会有什么结果，因此很难被衡量。如果侧重于各项工作的结果，"结果"过多，却不能统一，总体目标依旧不能实现。

那么总体目标到底是什么？大到经济社会，小到个人，总体目标一直都是持续发展。如果要确保持续不断的发展，过程应该包括哪些要素？应该怎么组合？我希望在这本书中将其一一呈现给大家。

在本书的开篇中，我从人类的发展历史的角度介绍是什么推动了经济社会，乃至人类的发展。

第一章介绍了经济社会运转的底层逻辑——对新价值的判断、生成与获取，并在价值生产的过程中考虑成本投入，形成 $D=V/C$，即发展是价值和成本之间的比值。只有 $V/C >1$，经济社会才会发展。这个规律不仅适用于经济社会，也适用于组织、企业和个人。

第二章主要了解发展的基础设施——连接。连接确保了价值流动；连接后的交互确保了价值交换；建立在连接上的经济社会，形成新的商业模型：在商业平台上连接价值生产与消费（value Production and value Consumption on Platform，PCP），确保了价值流动的效率。

第三章论述了发展（$D=V/C$）的核心——价值消费的形成与发展趋势。只有价值消费才能明确价值生产的方向与高度，也只有价值消费才能确保价值流的循环。

第四章分析了经济社会发展的支撑点——价值生产的主体，包括直面用户的组织或企业以及平台。在平台的驱动下，才能提升价值生产的高度，进而确保价值流中势能的存在，从而提升了 V/C 的比值。

第五章进一步分析了发展（$D=V/C$）中价值（V）的生产模式——企业内部商业运转。价值（V）的提升与成本（C）的降低离不开企业内部各模块的顺畅连接与协同发展。一旦企业内部各模块发生故障，将导致成本（C）的提升和生产效率的降低。

第六章阐述了实现发展（$D=V/C$）的神经网络——数据的作用。数据贯穿企业商业流转的全过程，会非常灵敏地反映价值（V）生产的状况，评估成本（C）的使用情况，并推动发展（$D=V/C$）的实现。

第七章阐明了实现发展（$D=V/C$）的关键手段——信息技

术的组合。信息技术推动社会向智能化发展，已经成为发展（$D=V/C$）能力不断提升的核心工具箱。

第八章论述了实现发展（$D=V/C$）的保障——战略能力。不仅需要保障当前发展（$D=V/C$）不断提升，也需要保障未来 $V/C>1$ 的实现。

终章是我对未来发展的一些浅薄判断。不管可见的将来会发生什么事情，经济社会如何演变，发展（$D=V/C$）都会把我们推进未来世界。

由于个人学识有限，只是尽自己最大的努力，把自己的一些思考呈现给大家，期望本书能对读者有些许帮助。

目 录

开　篇

从人类的发展历史谈起

不是人们的意识决定人们的存在，相反，是人们的社会存在决定人们的意识。社会的物质生产力发展到一定阶段，便同它们一直在其中运动的现存生产关系或财产关系（这只是生产关系的法律用语）发生矛盾。于是这些关系便由生产力的发展形式变成生产力的桎梏。

——卡尔·马克思

> 众所周知，生产力是经济社会发展的核心要素之一。如果想要深入细分生产力的构成，或探究到底是什么方向的生产力提升从根本上推动了经济社会的发展，那么我们需要从历史发展中寻找答案。

2011年4月，美国《科学》杂志的一篇关于人类语言起源的报告引起学术界的极大反响。新西兰学者昆廷·阿特金森论证了这一源说，并推论人类语言出现的时间大约在15万年前。在研究成果公布后，争论接踵而至。直到现在，人类语言起源仍是未解之谜。因为语言是如此重要，所以吸引了无数专家学者前仆后继地去探寻它的起源。

语言，不仅是人类社会中功能强大的一种技能，还是联结和沟通过去、现在和未来信息的强大工具。当人类开始使用语言来传递情感、组织行动、传授经验时，有价值的信息开始以语言为承载流动起来。

根据已经发现的证据：大约 260 万年前，人类开始打制石器帮助自身生存；大约 2.8 万年前，人类发明了弓箭；大约 1.2 万年前，人类开始驯化狗。

人类不断找寻高效的生产工具，这也融入了人类的基因中。直到现在，我们都在为实现自身的目标，努力打造更高效的生产工具。

大约 4 万年前，人类开始在墙壁上作画。西班牙尼尔加洞穴中的壁画，被考古学家认定为迄今发现的最古老的壁画作品。

信息从语音延伸到图画，多模态开始出现，信息可以离开人类本身而存在，并可以随着时间穿越到现在。

大约 80 万到 20 万年前，人类开始巢居，使用木头、大型动物骨骼搭建居所，以兽皮、草皮覆盖做顶。大约 7.2 万年前，人类开始使用兽皮制衣。大约 2 万年前，人类开始使用陶泥制作陶器。大约 1.2 万年前，编织物出现。大约 1 万年前，人类发现铜，开始使用铜制品，例如生产能够提高生存可能性的物品——铜针、铜锥等。

大约 1.2 万年前，人类开始栽培水稻。大约 1 万年前，生活在小亚细亚的人类驯化了牛，起初目的在于获得牛肉、牛奶和牛皮，渐渐地，牛开始作为畜力使用，提高了农业耕作的效率。

动力能源与种植养殖的应用，推动人类开启农业革命。

大约公元前 7000 年，中国人最早将野猪驯化为家猪。大约公元前 6000 年，出现了早期的酿酒工艺。大约公元前 5000 年，人类开始冶炼金属铅，中国出现原始农具。大约公元前 4700 年，出现了冶铜技术。

青铜器材料的使用，大幅提高了以人力和畜力为主的动力能源的使用效率，物质开始丰腴，大规模生产物品逐步成为可能。

大约公元前4000年，随着生产力水平的提高，生产的物品出现剩余，氏族社会土崩瓦解，社会分工和私有制开始形成，物物交换应运而生，作为交换媒介的货币出现，物品不再与人锚定，具备了货币流动的基础。

大约公元前4000年，人类发明了车轮。大约公元前3000年，造船技术显著发展，在埃及出现了带有横帆的帆船。

交通工具的改变，极大地提升了人和物品的运转流动效率，拓宽了物品交换的范围。

随着苏美尔人发明楔形文字，古埃及人发明象形文字，曾经只能靠口语传递的信息，可以通过文字承载了。

音、图、文信息交织，可以向不同对象传递，信息流不仅打破了时间的束缚，也突破了空间的界限。

至此，人类进入文明时代。围绕自身与生产工具的物品生产、物品交换、信息传递均已产生。

从公元前2000年开始，游牧世界对农耕世界进行了三次巨大冲击，使农耕世界不断浴火重生。由于农耕世界的价值生产远远高于游牧世界，游牧世界逐渐融入农耕世界。人、物的技术发展使生产的物品足够满足人类生存需要，人类开始有时间思考哲学问题。

大约在公元前400年，不到200年的时间里，世界上接连出现了一批伟大的思想家。中国的孔子在思索人与人的关系；老子在探寻人与自然的关系；古希腊的苏格拉底在思考人与物的关系。他们的思想奠定了人类今后几千年的发展方向，推动了人类社会从初级阶段转向高级阶段。

信息脱离环境、人类行为、物品等客观事实而独立存在，生成式信息的价值愈发突出。

14 世纪到 16 世纪，欧洲文艺复兴不仅带来了思想上的解放，也带来了科学和技术的重大发展，间接推动了 18 世纪第一次工业革命。

18 世纪 60 年代的机器大生产使物品生产规模有了极大的扩大，1694 年英国建立了第一家股份制银行——英格兰银行，确立了现代金融业的基本组织形式，提升了物物交换的效率。

虽然机器大生产显著提升了生产效率，但以人力、畜力和水力为主的动力能源难以满足价值生产的需求。1785 年，瓦特研制的改良型蒸汽机投入使用，提供了更强的动力，迅速得到推广，大幅推动了机器的普及和发展，进而带动了第一产业和第二产业的指数级增长。

更重要的是，机器生产的发展，推动了交通运输事业的革新，人们想方设法地改造交通工具，以快捷便利地运送货物和原料，人类社会由此进入了"蒸汽时代"。蒸汽动力的使用，表明人类开始大规模利用化石能源，从而极大地降低了生产成本，提升了价值生产效率和流动效率。

进入 19 世纪，随着资本主义经济的发展，自然科学研究取得了重大进展。

1876 年，亚历山大·格拉汉姆·贝尔发明的第一部电话投入使用。19 世纪 70 ～ 80 年代，发电机和内燃机相继出现，成为第二次工业革命的基础。

发电机的问世，使电力成为补充和取代以蒸汽机为动力的新能源，电器开始代替机器，电灯、电车、电影放映机等高价值工具和物品被发明生产出来，人类进入"电气时代"。内燃机的诞生，使煤气和汽油成为人类使用化石能源的主体，内燃机驱动的汽车、远洋轮船、飞机等得到迅速发展，人和物的流动效率显著提升。

1901 年，意大利人古列尔莫·马可尼发明的无线电报系统，跨越 3400 千米，从英国向加拿大发出电报，人类向无线电技术前进。1915 年，人们利用无线电技术，在美国与法国之间实现了第一次跨越大西洋的通话。

当无线电系统强大到足以广泛传递信号的时候，就意味着更多的人可以同时接收信号。很快，无线电信号不再只传递声音，也开始传递图像了。

19 世纪末 20 世纪初，以信用活动为中心的银行垄断与工业垄断资本相互渗透，形成金融资本，加强了资本积累和集中生产。第二次工业革命，在电能和化石能源的驱动下，商品的价值生产范围扩大，效率提升，成本大幅下降，同时，信息流和资本投资也突飞猛进地发展。

进入 20 世纪 40 ～ 50 年代，第三次工业革命开启，科学和技术密切结合，相互促进，科学技术在推动生产力的发展方面越来越重要，科学技术转化为直接生产力的速度越来越快。

1945 年，美国成功试制原子弹。1954 年，苏联建成第一个原子能电站，原子能转入民用，极大地提升了电力的使用。1946 年，第一台电子计算机诞生。

1957 年 10 月 4 日，苏联发射了人类第一颗人造卫星，这引起了美国政府的关注。1958 年，美国国防部组建了一个高级研究计划局（Advanced Research Projects Agency，ARPA）。"一种分散的指挥系统"提上 ARPA 的研究日程，这项任务要求所有终端之间能够互相通信。1966 年，该任务完成内部立项，ARPA 将其命名为"ARPANET(阿帕网)"。1969 年，阿帕网正式启用，人类社会开始进入"网络时代"。

1981 年，第一台个人计算机诞生。20 世纪 90 年代前后，世界各地的电话网络开始相继接入互联网，互联网让人与人之间的联系比任何时候都更加紧密，人类由此进入信息化社会。

纵观第三次工业革命，原子能革命给人类带来了清洁能源，成为石化能源的替代品，同时推动了农业生产，改进了医疗手段，成为交通运输的充足动力。更重要的是，第三次工业革命中出现的电子计算机和互联网使信息生产、传递和信息消费呈爆发式增长，信息的重要性显露无遗。

回顾人类发展历史，从农业革命到工业革命，从动力能源到化石能源再到电能、原子能，机器大生产推动物品的集中高效生产，汽车／火车／舰船／飞机提升人流与物流的速度与范围，

电视节目 / 电影推动信息创造与生产，电话 / 电报 / 互联网推动信息高效流动，资金不仅支撑了物品的生产和需求的实现，也构建了未来的发展方向。人类的发展，以科学技术为重要手段，以能源使用的突破为基础，以人本身为核心，创造工具提升生产效率，生产物品满足需求，生成信息扩展认知，利用资金实现目标。

在能源高效使用和科技发展的支撑下，人、物、信息和资金成为社会构成的 4 个基本要素：人的要素涉及生理健康与心理建设；物为满足人的需求产生，包括用于创造价值的生产工具、用于消费价值的商品及围绕生产和消费产生的事件；信息既涉及客观存在，也涉及主观生产；而资金推动了人、物、信息的相互循环和交换。

4 个基本要素存在于时空之中，必然会随着时空的变化而变化，也会主动改变自身所在的时空。

从时间上看，我们现在仍能读着千百年前的文稿，看着千百年前绚丽的壁画，感受先人所要传递的信息；我们会面对千百年前的文物惊叹不已；我们也会将我们所掌握的知识、创造的物品传递下去。

从空间上看，人从一个地方转移到另外一个地方；物从一个地方转移到另外一个地方，或从一个所属转移到另外一个所属；信息和资金也会在空间中有所转移。

当 4 个基本要素在时间和空间中发生转移，形成 4 种流动方式，即人流、物流、信息流和资金流。这样的转移，总会是从势能高的时空，流向势能低的时空。

推动势能形成的核心要素在于价值生产与增值，即从高价值时空向低价值时空流动。流动性越强，说明价值越大，生命力越强。

在整个过程中，人是价值消费或价值满足的核心；物是生理价值的承载；信息不仅承载了心理价值，也承担着消除物与人、物与物、人与人之间差距的重要作用；而资金主要承担了因价值交换与流动而产生成本的角色。

物和信息均需要产品和服务承载，组织或企业把产品和服务、人、资金连接起来。4个基本要素是经济社会的重要组成。

可以看出，组织或企业组织人来生产价值，以产品和服务的方式，传递给需要这些价值的人，以供他们来消费。而价值消费又推动着价值生产的不断扩大，从而形成完美的价值流动闭环。

这样的价值流动推动着经济社会不断向前发展。我们就从这里开始步入价值流动的世界，探寻经济社会发展的动力源泉。

第一章

经济社会发展的
推动引擎

所有经济社会都必须在某种程度上解决 3 个基本经济问题：在一切可能被生产的物品和劳动中，生产什么种类和多少数量？在生产这些物品时如何使用经济资源？为谁生产物品：即如何在不同的个人和阶级之间分配消费品？

这些基本经济问题之所以至关重要是因为经济生活中的这一根本事实：在有限的资源和技术条件下，生活水平是有限的。经济物品是稀缺的，不能自由取用。由于不能满足所有的需求和欲望，社会必须在它们中间进行选择。

——保罗·A. 萨缪尔森

> 《经济学》之所以伟大，在于它既在宏观层面上总结出经济发展的规则，也在微观层面剖析了供给和消费之间的关联性。基于供给和消费，在本章中将尝试说明其背后的价值与成本之间的关系，并找到推动经济社会发展的驱动力。

进入 21 世纪，虽然基础科学的发展存在故步自封的可能，但在已有科学基础的推动下，应用技术有了爆发式增长，不断渗透到生活的方方面面。如果 30 年前的小朋友穿越到现在，那他可能在各个方面都无法适应。而现在的小朋友回到 30 年前，面对小尺寸的电视、统一的电视节目、统一的收看时间、通过磁带播放的音乐、遍布街道的报刊亭……可能也会感到迷茫和不便。30 年间，社会发生了翻天覆地的变化，"80 后"和"10 后"的生活完全不同，恍如两个世界。

20 世纪 90 年代，企业在生产和销售商品时还会主要考虑地域因素，会因地域不同、人们生活习惯不同，创新和生产不同特性的商品，也会根据商圈辐射距离来确定品类供应。

为了弥补企业与用户之间的信息差，更好地了解用户，企业还会使用市场调查等手段来获取信息。

随着互联网的大发展和交通网的建成，人流、信息流越发壮大起来。人们的地域习惯被打破，生活形态更加丰富多彩。商品与用户之间的触点也多了起来，企业使用大数据技术，能够更好地获取用户的行为和偏好信息，从而对商品品类和营销方式进行调整和创新。

30 年间，技术的进步使人们的生活更加便捷、高效和舒适，人们对科技和生活的质量有了更多的认识和追求，对于需求满足和生活品质有了更高的要求。日益增长的社会需求极大地推动了社会生产：1991 年，全球 GDP 为 23.76 万亿美元，2022 年，全球 GDP 为 99.67 万亿美元，涨幅超过 3 倍。

快速发展的交通工具，使人们在成本可控的情况下，能够轻易地去到想去的地方，更容易获得想得到的商品。以指数级增长的多模态信息，使人们能够便捷地获取各种各样的资讯，不仅提升了自身的认知，也改变了固有观念，重塑生活形态，提升了个人的需求满意度。消费者个性化需求推动了商品品类规模的迅速扩大，消费者开始反向影响品牌，小众产品的破圈可能性大幅提升。

虽然 30 年间经济社会有了长足的进步，但也有很多失败的产品——它们没有满足用户的实际需求，没有解决用户最迫切的问题，给用户带来了不便和麻烦。即使强大如苹果和谷歌，1993 年推出的 NEWTON、2013 年推出的 Google glass 也避免不了在市场上折戟。

在推动经济社会发展的过程中，两个根本要素出现了：价值与成本。只有成本可控才能带来价值，才会使经济社会得到更好的发展。

1. 价值实现

我们在工作中，经常会听到"这项功能（这个产品）为用户带来了什么价值？"还会听到"这些会给我们带来多大的收益？"虽然第一个问题提及的频次更高，但往往在执行的过程中，解决第二个问题才是核心目的，这也是工作考核的度量标准。究其原因，可能是"收益"可以定量，而"价值"显得有些虚无缥缈。不过伟大的企业、产品，甚至个人，之所以伟大，往往是因为对"价值"有更明确的认知，从"价值"到"收益"有着明确的路径。

价值是一个复杂的概念，不同学科对其解释和应用有不同的侧重。这些定义反映了不同学科对价值的看法和侧重点，但它们都强调价值与个人、社会和文化背景密切相关。不同学科对价值的理解也为人们实现自己的价值提供了指导和启示。因此，要明确"价值"，则先要清楚评判价值的角度，以及价值的流转方式。

如果我们把价值分为内在价值与外在价值，两者会相互促进，共同实现价值目标。重要的是，只有外在价值才会交换给其他对象，满足其他对象的价值需求，而内在价值更多的是满足自身的需求。因此，内在价值侧重于价值消费，外在价值侧重于价值生产，外在价值不仅满足了其他对象的内在价值，还会促进自身的内在价值发展。

内外价值的正向循环会促使整体价值目标快速实现，反之，当内在价值与外在价值不能形成正向循环，或两者割裂时，那么整体价值的提升效率就会变低。举个简单的例子，学生沉迷于娱乐，确实能够带来心理上的舒爽，但可能就会忽视学习，即使学习成绩有所提升，那么也会花费更多的时间。如果寓教于乐、寓学于乐，那内在价值和外在价值会共同增长，既愉悦身心，又使学习成绩得到大幅提升。

我曾经在组建团队时，面试过很多应聘者，很遗憾，大多数应聘者并不清楚自己的外在价值是什么，甚至不清楚自己需要什么。我也曾经和很多公司的面试官聊过，但也很遗憾，大多数面试官并不能准确地给出组织中的角色需要提供什么样的价值，更不会考虑这些价值是否会让应聘者满足自身的内在价值。

个人价值在于内外兼修，实现循环。

对于个人而言，内在价值能够为自身带来愉悦，以生理和心理健康为主要目标；外在价值是个人能够为他人、组织，以及社会带来的贡献。在生活中，每个人既具备自然属性，为了在短时间内满足自己的需求，或在固定周期内满足更多的需求，不断进行价值消费；又具备社会属性，不断进行价值生产，服务于其他对象，同时获得他人尊重，衍生出对内在价值的推动力。

我们观看体育比赛，经常会出现肾上腺激素飙升，这个过程愉悦了自身，提升了自己的内在价值；如果我们进而参加了体育比赛，不仅会给他人带去视觉观赏的价值，生成我们自身的外在价值，为了赢得比赛而奋斗的行为也形成了自己的内在价值。外在价值越大，形成的成就感和满足感会拉升内在价值。

提升的内在价值，又会形成内生动力，让个人不断提高自己的技能和知识，生成更大的外在价值。重要的是，随着时间推移，个人价值会通过工具的使用来提升价值实现的效率。例如，使用各种装备／设备来进行运动，让身体更加健康；通过办公工具来提高工作效率等。

满足个人的内在价值，主要是通过产品和服务来实现的。同时，产品和服务也是人们进行价值生产，满足外在价值的工具。

产品和服务的价值在于如何满足个人价值。

对于产品和服务（包括实体和内容信息）而言，具备广泛的工具属性，或者说，工具属性是产品和服务的底层核心属性。即使一个只具备观赏价值的产品或一个逗人发笑的短视频，那也是帮助人们提升内在价值的工具。为了快速实现个体的价值目标，我们当然可以创新和生产能够帮助我们实现价值的工具。不过受限于专业性和成本，获取这些工具最直接有效的方式就是进行价值交换，以获取工具的所属权或使用权。

这样，"交换"就成为产品和服务能够体现的第一个价值（内在价值）。当人们使用工具创造更大的价值时，就产生了产品和服务的第二个价值——使用价值（外在价值）。

因此，产品和服务的内在价值就是组织或企业重视的收益，具体体现在交换结果上；外在价值即它们的使用价值。

产品和服务的外在价值直接或间接服务于人，并通过交换转化为它们的内在价值。产品和服务的外在价值目标在于通过其自身的独特性，提供高效工具的能力，不管是作用于个人或群体上，还是作用于其他产品和服务（例如机器）上，最终都是要提升人的价值生产和消费效率。

因此，从本质上讲，产品和服务天然就面临跨界竞争的态势，只要能够满足消费方的价值需求，使用什么样的工具并不是固定的。以人们的价值为出发点，当满足价值的方式发生变化时，跨界竞争随之而来。

我们可以想一想，社交的价值是如何实现的呢？社交可以是一个面向用户的工具，例如，社交软件使用户直接获取社交方面的价值——提供信息、解决问题、提供娱乐等；也可以作为一个功能，辅助游戏、电商等软件增强用户体验，提高用户的使用效率，最终使游戏、电商等软件更受欢迎。

当 ChatGPT 之类的人工智能大模型也能提供相同的价值，

并形成应用时，就会对社交软件和社交功能产生极大的冲击。社交面临的竞争对手不再是下一个社交软件或功能，而是智能助手。

那么，如何将产品和服务的工具属性发挥出最大的价值？只有在组织或企业中进行规模化生产、快速升级迭代、高效触及用户，才能使外在价值被大规模接收，内在价值实现最大化。

组织或企业的价值承载在产品和服务价值上。

对于组织或企业而言，在确定价值方面，需要考虑的因素更多，对内外价值有更高的要求。组织或企业的内在价值的目标在于体现出可持续发展能力，要想实现该目标则需要通过提升资金的使用效率，合理地使用组织资源，以管理加强内部协同能力，推动实现员工的外在价值，进而为组织或企业创造新价值，并通过产品和服务进行承载，形成产品和服务的外在价值。

因此，组织或企业的内在价值的关键在于有效分配与协同资源，通过产品和服务的创新，以获取持续性发展。

组织或企业的外在价值的目标在于使所有相关利益方均能获得满意的回报，主要是通过实现产品和服务的内在价值，进而形成对供应商的支撑价值、对债权人的兑现与增值价值、对消费者的产品与品牌价值、社会责任价值等。

企业的内在价值会推动外在价值的实现，而外在价值会向内在价值提出更高的要求。

经济社会价值流转如图 1-1 所示。

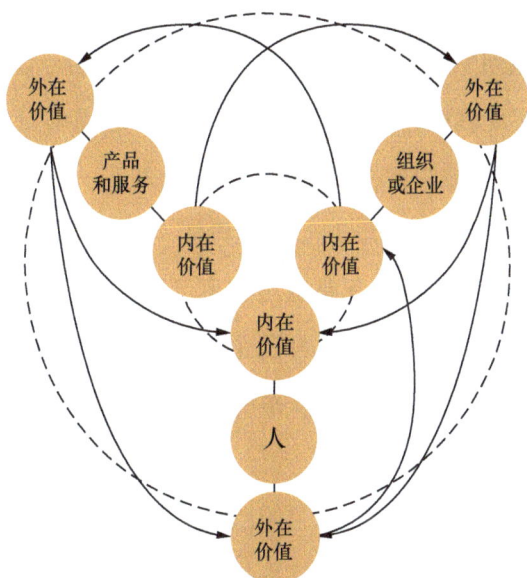

图 1-1　经济社会价值流转

再回到本节开始的问题：为什么有些企业在规划中以用户价值为中心，执行时却以收益为考核标准？

主要原因在于其没有理顺企业内在价值和外在价值的逻辑关系，也没有想清楚自身发展、产品和服务、用户三者之间的价值关系。或许因为习惯使然，更看重过往的经验，不想花时间和精力去梳理，去寻求本质。毕竟，依靠过去的成功经验，不仅会让自己安心，不会有太大的挑战，还可以很快地获得"真金白银"。

长此以往，组织或企业就丢失了居安思危的能力，逐步丧失市场竞争力。在当前快速变化的经济社会中，这样的行为无疑是"温水煮青蛙"。举个例子，某些企业在做产品规划时，会用用户为中心来背书，以经验为标准，既不证实，也不证伪，更不用说从用户的价值本质出发。当产品上市后，为了抢占市场份额，实现收益目标，不是掀起价格战，就是实行机海战术。在复盘时，如果实现了收益目标，就投入下一场"运动"中。如果没有实现收益目标，项目团队集体"背锅"，再换其他团队继续进行。至于产品是不是真正满足了用户需求，实现了用户价值，已经无关紧要了。这样的企业，在发展顺畅时，会无计划地疯狂扩张；在发展遇到障碍时，会慌忙收缩，内外价值处于崩塌状态。

庆幸的是，还有更多的组织或企业不断推动其内在价值和外在价值形成正向循环，为实现社会跃迁而努力。有责任心的组织或企业以及与持续追逐价值的人民群众，构成大系统，形成经济社会。

经济社会的价值体现在维护整个体系不断向前发展。

为了实现整个系统的顺畅运转，经济社会也有其自身的内在价值和外在价值。经济社会的内在价值在于维持整个体系，并推动体系不断发展，对经济社会中各成员的价值取向进行引导和制约，提升社会的公平性；外在价值在于通过社会公平性的实现，规范经济社会中的价值交换，从而鼓励采用先进生产力，促进各项创新，不断满足人们日益增长的价值需求，提高人们的生活水平。经济社会价值见表1-1。

表1-1　经济社会价值

经济社会	社会成员	内在价值	外在价值	本质
内在价值改善公平性↓外在价值规范交换，促进创新	人	在短时间内满足身心需求；在固定时间内满足更多需求	创造更大价值，对工具有需求	价值消费
	产品和服务	提升工具的交换价值	为人或机器的价值需求而提供能力	价值生产
	组织或企业	自身可持续发展能力	支撑价值、增值价值、产品与品牌价值、社会责任价值	价值提供平台

从不同的角度来看，价值以人为中心，不断流转。而这种流转，有以下两个特征。

第一个特征，人是价值的核心要素，不同角度的价值相互支撑，形成整体系统。人通过交换，获得产品和服务，使用产品和服务创造更大的价值；人通过组织或企业服务于他人，在社会中贡献更大的价值。

第二个特征，流转是从价值生产方流向价值消费方，在流转的过程中，通过使用工具不断增值。增值幅度决定了价值生产方的生命力，即增值幅度大的价值生产方会逐步替代增值幅度小的价值生产方。

Tips：

- 价值牵引经济社会的发展，因此，它不仅决定着组织或企业的发展方向，也决定着个人的选择。

- 对于经济社会、组织或企业、产品和服务、个人而言，价值都是由内在价值和外在价值构成的，其中内在价值的重点在于提升自身，而外在价值的重点在于使用，即通过外在价值实现或生产出更多有利于经济社会发展的价值。

- 只有流动，价值才会真正体现，即形成"价值生产—价值交换—价值消费"的流程。其中，价值消费不仅会提升消费者的能力，也会形成新的价值生产，最终形成循环。

2. 成本付出

价值如此重要，但在实际生活中，并不是所有的价值都会得到满足。想要获取价值，还需要考虑成本。例如，手机之所以分为低端 / 中端 / 高端，是因为受成本的限制。如果不考虑成本，厂商完全可以打造出功能更强大的手机。然而，这样的手机价格是"天价"，对于消费者而言，性能完全超出了日常使用的范围，带来的价值却没有很大的改变。因此，这样的手机只能作为概念机，存在于实验室，而不会大规模生产。

当前扩展现实（Extended Reality，XR）设备的发展情况也是同样的道理。不管是虚拟现实（Virtual Reality，VR），还是增强现实（Augmented Reality，AR），甚至是 XR，都需要在成本可控的前提下，为现实用户带来价值，即成为价值生产力工具，且具备高频、全天候、长时可用的特征。此时 XR 设备才具备跨越式发展的基础。

例如，对于 VR 来说，过去的发展目标集中在设备的使用体验上，例如满足超高清、低时延、生理舒适、生态完善等需要，关注便携、续航、直接交互等方向，希望以娱乐作为突破口。然而，VR 的发展并不顺利。除了尚不具备 3 个特征外，VR 设备的价值生产能力并未超出手机或个人计算机，而其使用成本却不低，这成为阻碍 VR 发展的原因之一。

再来看 AR，结合了现实世界，视界更广，承载的信息量更大，且信息流将真正地与环境、事件、物等生成即时的紧耦合，不再割裂。

从这个角度上看，与当前的计算中心（手机或个人计算机）相比，AR 将带来巨大的价值增长空间。即使 AR 设备使用成本略高于手机的使用成本，其工具属性的价值也将推动它成为下一个重要的信息处理终端。

但是，如果 AR 的使用价值不能完全挖掘，且用户在价值生产过程中的总成本高于使用手机的成本，导致最终的价值成果相近，那 AR 也不可能在短时间内取代手机的地位。

例如，生产成本导致 AR 设备售价远高于手机，又或者 AR 设备的交互与使用过于复杂，则其使用成本会阻碍更多人使用。

因此，仅仅从价值角度判断 XR 的发展，带给我们对未来的信心，未来貌似可以唾手可得。当加入成本因素的时候，我们才会发现，那个未来离我们还很远，我们还需要付出更多的努力。

"天之道，损有余而补不足"，万物都是守恒的，在"价值—成本"上也同样如此。价值可以交换，在交换过程中，付出的就是成本。

在财务眼中，成本是可以计算的，由生产过程中的资源损耗、损失性支出、分配支出等构成。在经济学中，成本的定义比会计学中成本的定义更广一些，成本被分成不变成本、可变成本、边际成本、机会成本等。它不仅包括购买燃料、给员工的薪酬，也包括较为隐蔽的内在或机会成本。

不管是组织还是个人，都在追求低成本和高价值。那中间的差距是什么？价值和成本之间如何守恒呢？

一是除了经济学中的内容，成本还包括人、组织或社会的精神和心理上的代价。

例如，某个产品为了短时间赢利，急迫地打折促销，将会引发用户对该品牌的信任危机。虽然用户用更低的价钱购买了产品，但提升了对产品的心理成本——对未来产品定价的不信任，进而影响企业的未来发展。这点在手机、汽车、房地产上均有体现。

例如，一款新手机上市，面向高端人群。几个月后，销量不好，渠道开始降价清库存。这时，不管是否购买了该产品，消费群体就会对该品牌产生怀疑。已买手机的人群认为买亏了，未买手机的人群会庆幸没买。如果该品牌继续走高端化路线，那么将面临极高的用户心理成本，则需要提供更大的价值来消除心理成本。更何况，很多企业认为的高端化就是把产品卖给高端人群，是否能够提供相匹配的价值，并不在考虑因素之内。在用户使用产品时，依旧享受原有服务，这也同样会提升用户的心理成本。

二是成本在生产和交换中产生，因此需要从"人－产品和服务－组织或企业"整个体系来看，最终的价值消费方会承担价值流转到各个环节中的成本，且因体系内产生的各种价值的不同而导致成本不同，这样我们就产生了用最小成本换取最大价值的想法。

例如，人既是价值生产者，又是价值消费者。通过价值生产，获取收益，再从收益中支出部分作为成本去换取其他价值。当生产的价值高于消费的价值，那么收益会大于成本，将产生盈余，反之则变为超前消费。

基于此，企业面临成本问题产生出两条应对路径。

路径一：降低成本——扩大规模，尽量降低边际成本。互联网行业运用该路径已炉火纯青，即生产同质的价值，服务于更多的用户，摊薄价值创造的成本。而更多的用户相连，会产生更多的衍生价值。在此过程中，互联网企业承担的成本极低，网络建设与连接成本几乎转移到网络运营商那里。规模扩大必然会形成激烈的竞争，最终形成垄断。

路径二：转移成本——形成领先优势，造成稀缺性，从而提升价值消费端的成本。在这方面，科技企业最有发言权，其生产的产品除了确实带来了生产力的提升，稀缺性也是这些企业具有的优势产生的重要价值。

因此，用户不仅在为生产力提升买单，也在承担产品的稀缺成本。例如，曾经的加价购车、学区房等，均是因为稀缺性而带来的成本提升。

三是有些成本需要拉长时间，放到一个周期中去看。例如，企业中的资本性支出（Capital Expenditure，CAPEX）（固定资产、无形资产（例如专利）、递延资产等）多为一次性预付，在使用过程中会持续多个计费周期，并分期将成本转化为收费费用。

即便如此，有些成本很难如此定量计算，但这些成本决定了个人 / 企业的发展潜力。例如，人生中很长的一段时间是在学校度过的，这段时间的学习完全是成本投入，学业有成后才会不断地创造价值。

再如，由于企业的未来不确定性非常大，当对未来的判断不清晰，或方向不明确时，决策大概率会出现摇摆，或者不再做决策，此时组织的资源储备和人员架构建设就很难推进，那么组织未来将面临极大的发展风险。

另外，忽视未来决策的重要性，只做表面工作，而不做论证，不明确发展路径，也会造成成本高企。

举个例子，面对复杂多变的外部环境和竞争压力，有些手机厂商开始自己制造终端芯片，其目的是打造产品的差异化，实现产品的高端突破。

在必须做芯片的这个决策上，前提条件是认为未来高端市场规模必然扩大，目标是企业必须在高端市场中占据大部分的市场份额。然而，芯片不仅分类繁杂，而且从设计到流片的时间极长、资本投入极大。只有规模上量，才能摊薄已投入的成本，降低试错成本和迭代成本。仅服务于一家企业的产品，规模是有限的，这样的芯片制造很难有所突破。

制造芯片如果要形成正向循环和迭代，只有两条路径：一是自身产品规模足够大，做到行业领先；二是作为平台，服务于更多的企业，但这可能又会影响自身产品的差异化。这还是以未来市场发展情况向好为前提。如果未来市场遇到天花板，那么前提条件发生了变化，决策成本会变得更大。

因此，不管对于个人、组织或企业，还是社会，各自在创造价值的过程中，均有成本因素作为制约，成本跟随价值流转而产生，同时也存在成本转移的情况。

个人的成本，不仅包括获取价值需要交换的成本，也包括在创造价值过程中的付出。例如，设计师购买计算机进行艺术创作。购买工具是成本，自己花费时间、构思创意也同样是成本。

组织或企业的成本，除了短期付出的运营成本（Operating Expense，OPEX）和长期支出的 CAPEX，还有决定自身发展的隐性成本，例如时间成本、机会成本和决策成本等。

对于社会来说，成本是建立规范化，推动交换发生则需要付出代价，即只要存在影响规范化交换的情况，就需要投入成本进行改变。例如，深山里的山货运不出来，那就要架桥修路，打通交通线。

只有能有效控制成本的投入，才能找到产生价值和收益的边界。超出这个边界的价值和收益，将会用不可控的成本来覆盖，而一旦不可控，会带来风险的急剧上升。这一点，对个人、组织或企业乃至经济社会都适用。

✍ Tips：

- 成本存在于整个经济社会体系中，围绕价值产生，体系中的总成本与总价值守恒。
- 成本由可量化部分和当前尚未量化部分组成。尚未量化的成本关系到认知、创造、创意、时间、机会、风险、决策等，从经济社会发展的角度来看，尚未量化的成本更重要。
- 对于经济社会中的某个成员而言，如果不考虑尚未量化的成本，那么，则是在追逐低成本实现高价值的目标。

3. 价值与成本相互影响，决定经济社会的发展速度

价值与成本相辅相成，交织在一起。经济社会中的各成员从自身出发，对价值和成本的选择，推动着经济社会的发展。在此过程中，价值与成本两者最终达到守恒状态。而一旦进入守恒状态，经济社会发展的动力就丧失了。那么经济社会是如何发展的呢？

由于守恒具备长期性特征，在实现守恒的过程中，经济社会才会有发展。如果达到守恒状态，则会出现发展停滞。

这点不仅适用于经济社会本身的发展，也适用于经济社会中的各个成员。

从个人的角度来看，只有不断投入成本（例如，时间成本和学习成本）才能创造更大的价值，从而获得更多收益，去换取更好的价值消费。

从组织或企业的角度来看，产品和服务不再升级，发展就会陷入停滞。

从行业的角度来看，当发展趋于稳定，利润率必然极低，且不具备反弹的可能性。例如，对于基础设施行业而言，成本越透明，则利润率越低，其发展越缓慢。

从整个经济社会看，发展趋于稳定时，在有限的资源条件下，可以生产的所有商品和服务的不同组合，具有最大限量。例如，一个海岛上的居民，只有两种经济活动：摘椰子和抓鱼。他们每天的工作时间是有限的，所以他们在摘椰子和抓鱼之间的时间分配决定了生产组合——椰子的数量和鱼的数量的不同组合。当发展稳定，在有限的时间内，不管如何组合，椰子和鱼的获取数量都不会发生太大变化。

为了延缓守恒状态的到来，有以下两条路径。

路径一：不断提升科学技术的转化率，使技术应用规模不断扩大。基础科学近几十年来已不再有突破了，当前大部分的创新依旧在"吃"第三次科技革命的老本。随着老本被越吃越薄，守恒状态会很快到来。

路径二：不断突破行业间的障碍，以领先的思维为牵引，应用跨行业技术来突破当前遇到的困境，即通过跨界实现发展。数字要素的提出，元宇宙在文旅上的应用，人工智能的泛化应用，均是在用数字技术来赋能各行业以提升价值。

因此，价值与成本之比决定了发展的状态。可以简化看作一个公式，具体如下。

$$D=V/C$$

其中，D=development，V= value，C= cost。

即当 V/C >1 时，不管是社会还是组织，甚至是个人，都会选择比值大的发展路径，此时发展开始提速。个人在更换产品、服务和应用的过程中，会选择"更傻瓜"的操作方式（低成本操作），从而获取更多的价值。当然，企业也在加大用户的转移成本以降低用户的流失率，例如保存个人数据资产，即当用户转换至新平台时，如果新平台提供的价值增幅不大，那么用户在切换成本上会有大幅增加，从而使用户在新平台上的 V/C 低于原有平台，从而使用户打消切换平台的想法。

举个例子，一款新的互联网应用，如果想颠覆原有的市场格局，要么降低用户的使用成本，例如缩短用户使用路径节点，让用户更快获取价值；要么向用户提供更大的价值。

对于前者而言，基于人工智能大模型而形成的应用的发展，已经很好地做出了证明。用户通过对话交互就可以获取想要的信息，这样的搜索路径变得极短，降低了操作成本。因此，ChatGPT 成为史上增速最快的消费级应用。

对于后者而言，综合视频平台无一不在持续获取优质内容，其目的是不断为用户提供更大的价值，以提升用户 V/C 的比值。如果有独家差异化的内容，那就说明向用户提供的价值不可复制，这时提升用户的获取成本——会员收费或插入更多广告——也就顺理成章了。

当 $V/C=1$ 时，进入守恒状态，发展停滞。一般来说，当技术没有突破性创新（没有新价值生成）时，企业的利润就会越变越薄，直到投入与产出相当。在这个阶段，行业或社会已经进入低发展或者不发展的时期。从账面上来看，企业利润低且透明，如果加上隐性成本，基本没有利润。

此时，只有通过创新——不管是降低成本的创新，还是提升价值的创新——才能够再次打破平衡，推动发展。

例如，在汽车市场，通过创新而发展出来的新能源汽车，为原有市场带来新的价值，不仅打破原有燃油车的市场格局，也推动汽车市场不断发展。

而当 $V/C<1$ 时，则面临收缩或发展崩塌。

综上所述，推动经济社会的发展，需要始终处于 $V/C>1$ 的状态。

这个阶段会根据价值是否显性化，分为储备期和发展期。

在储备期，价值并未显性化，可能是隐形的，也可能是未来价值。在这个时期，个人、组织或企业乃至社会，会投入很高的成本，却没有立即产生价值。此时看似 $V/C<1$，但价值生成于未来，拉长周期去看，极有可能会实现 $V/C>1$。虽然只要有投入，就会带来价值，但价值大小并不容易确定。

储备期的成本多是因为需要在学习和科技方面有所突破，属于确定方向的投入。此时价值尚未显性化，更多是对未来价值的畅想，非常难以商业化，也难以见到收益。

这个阶段极其重要，需要的是时间和试错。实际上，大部分科技发展都需要从上到下多层次全方位的研发投入，商业化研发与前瞻性研究需要并行才能最终开花结果。

价值一旦显性化，则会在市场上迅速产生差异化优势，不管是对人还是对企业。因此，储备价值的竞争是隐性的，需要有各种各样的评估手段来预测价值显性化的时间点。

若能够及早使价值显性化，则会在商业化方面生成先发优势。所谓的"一鸣惊人"，就是需要在这个阶段蛰伏，打牢基础，期待价值爆发。

很多人或企业看到他人，总有"别人行，我也行"的错觉，殊不知，他人在前期的储备有多深厚。深厚的储备、时间的积累已经修筑了高不可攀的城墙。就像卫星通信已成功应用在苹果和华为的产品上，而其他厂商再去评估该技术是否可行，就已经落后了。

需要注意的是，这个阶段的风险极高无比。方向一旦出现偏差，所有投入均不会得到预期回报。不少企业在这个阶段的决策出发点不是商业发展、产品和服务的延伸等，而是所谓的"机会点"。智能热就做智能，数字人热就做数字人，内容领域发展迅速就去做内容……前期不做深入的自身评估，规划发展路径，就盲目跨界和投入，后期看到风向不对，又紧急收缩。

在一张一弛的过程中，风险随之而来。

在发展期，有以下 4 种情况会推动快速发展。这 4 种情况分别是：一是价值不变，成本降低；二是成本不变，价值提升；三是价值提升幅度远超成本提升幅度；四是价值提升而成本下降。

当 V/C 的比值逐渐降低时，发展速度也会慢下来。

由于这个阶段价值显性化，形成价值流动，在市场中围绕人形成激烈的竞争。于是，在成本的约束下，创造价值更高效的生产是发展提速的本质。因此，需要把发展分开，从人、产品和服务、组织或企业等不同角度展开。

对于个人来说，成本是获取价值的投入。

获取价值既需要满足个人内在价值的实现，也要满足其高效实现外在价值的需求。

因此，个人会选择 V/C 值最大的产品和服务。如果付出的成本有所增长，那么，必然要求获取的价值更大。

这也是为什么国内互联网公司大多数工具型产品免费的原因。一旦收费，用户使用成本提升，而提供给用户的价值并没有差异化或显著性增长，那么用户必然会选择获取价值相近，但成本较低的工具。在这种情况下，收费产品极大可能会被竞品击败。

另外，用户转换互联网平台，也是因为新平台在 V/C 的结果上大于原有平台。换一个角度来看，增强用户黏性的目的是提升用户的转换成本，如果用户使用其他产品和服务，那么必然要求对方提供更大的价值。

所以，培养用户的行为习惯、打造社交链、提供金融/类金融服务等方式才能真正增强用户黏性。只有这样，才能大幅增加用户使用新平台时的成本。

以内容应用为例来看，长/短视频应用、优质内容当然重要，但还需要更多的方式增强用户黏性，一旦没有优质内容，用户就会很快流失。多人在线战术竞技游戏（Multiplayer Online Battle Arena Games，MOBA）类游戏之所以具有长生命周期，就是因为玩法养成了用户习惯，团队作战又建立起了社交链，装备不仅包括金融属性，同时还是用户的数字资产，这使得用户转换平台的成本极高。

对于产品和服务来说，它的成本是形成外部价值的投入与向内部价值转移的损耗。

产品和服务的价值主要是能够给他人带来的价值和收益，即他人的外在价值与内在价值之和，其中收益是消费端在使用其外部价值时需要承担的成本。因此，需要确保自身的 V/C 高于竞品，才能在市场竞争中获胜。

市场环境好时，V/C 高的产品扩张速度更快；市场环境不好时，V/C 高的产品会剥夺其他产品的市场份额。

确保高于竞品主要有两种方法：一是在扩大成本的同时大幅提升价值；二是在提供价值相同的情况下降低成本。

采取第一种方法，必然是在储备期有所积累，厚积薄发。如果积累不够，那就会出现当前不少厂商"内卷"的情况，期望通过"内卷"实现价值的突破。当发现"内卷"效果不佳的时候，就会选择第二种方法。而第二种方法最直接的就是"裁人"。

产品和服务是组织或企业的具象体现，因此它们的成本与价值受控于组织或企业。

对于组织或企业而言，最重要的目的是确保组织或企业可持续发展，并通过分配，满足相关利益方的需求。因此，组织或企业的价值与成本围绕该目的而生成。

在组织或企业的成本上，不仅包括生产产品和服务的直接成本，还包括组织内的决策成本、时间成本、分配成本、组织运营成本等。在价值上，首先要确保组织或企业发展，进而要带给相关利益方价值。因此，V/C 更高的组织或企业，发展更健康，市场竞争力也更强。

在这个过程中，决策是至关重要的。从大处来说，决策不仅决定着企业的发展方向和发展的可持续性，也决定着行业走向；从小处来讲，决策影响组织架构，关系到组织中的每一个人。

在产品和服务的发展方面，组织或企业经常会通过决策不选取上文所述的两种方法（或扩大成本的同时提升价值；或保持价值不变降低成本），而选择另外一种方法：保持产品所提供的价值一致，甚至稍微低一些，并通过提高成本（例如提升营销成本等）来获取更大的市场。其目的在于尽快获取市场话语权，进而提升用户的价值获取成本，从而实现成本转移。

但是，这种方法是"七伤拳"，伤人伤己，不仅不能为社会发展带来更好的结果，而且这个过程会引起恶性竞争。成功了，会形成垄断，并开始从社会上大幅抽取"营养"，以弥补投入的成本；反之则面临淘汰结局。曾经发生的某软件盗版泛滥、百"团"大战等莫不如是。因"路径依赖"，将本应投入储备期的成本投入这个阶段，资源错配，突出战术上的勤奋，一旦有能够提供更大价值的组织或企业出现，使用这种方法的组织或企业将面临更大的危机。

美国《财富》杂志报道，在中国，中小企业的平均寿命仅有 2.5 年，集团企业的平均寿命为 7 ～ 8 年，平均寿命只有 3.9 年。反观国外，美国企业的平均寿命为 8.2 年，大企业平均寿命可长达 40 年。日本企业的平均寿命为 12.5 年，大企业的平均寿命可长达 58 年。通过提升"成本"而获取未来的市场话语权，却未能创造出更大的价值，这也许是国内企业寿命偏低的原因之一。

总之，不管对于个人还是组织或企业，乃至经济社会，想要发展，必然要使 $V/C>1$，而 $V/C>1$ 则需要规划好储备期和发展期，尽量压缩储备期的时间成本，并与发展期实现循环（用发展期的价值支撑储备期的成本，实现储备期的价值向发展期的价值的转换），延长到达守恒状态的时间。

Tips：

- $D=V/C$，是一个发展的根本规律。不过有的时候，即使知道环境因素不会那么理想，只有控制我们自己能控制的因素，尽量向这个方向努力。

- $D=V/C$，需要有地方承载，经过连接，使价值流动起来，成本能够转移，这样才能推动真正的发展。

第二章

连接如此重要

人类连接在一个巨大的社会网络上，我们的相互连接关系不仅仅是我们生命中与生俱来的、必不可少的一个组成部分，更是一种永恒的力量。正像大脑能够做单个神经元所不能做的事情一样，社会网络能够做的事情，仅靠一个人是无法胜任的。

人与人之间的互动从古至今随处可见，并随着新技术的出现取得了更加理想的互动效果。新的社会现象因互动而生，它通过充实和扩展个人的体验而超越了个人的体验，对于大家的共同利益来说，这是好事。借助网络，人类可以收到"总体大于部分之和"的功效。新的连接方式的出现，一定会增强我们的能量，让我们得到上天原本赋予我们的一切。

——尼古拉斯·克里斯塔基斯和詹姆斯·富勒

> 2012年出版的《大连接》被认为是继《六度分隔》之后，社会科学领域最重要的作品。它提出的"三度分隔"实现了理论上的跨越。《大连接》基于信息的流转，论述了在社会中人与人之间的连接。而价值和成本也只有在连接的基础上才能实现交换和转移。

站在2023年看前10年的发展，连接的又何止是人与人：人与物的连接，让我们进入到智能时代；物与物的连接，形成物联网；物与信息的连接，虚拟与现实的连接，让我们看到数字孪生的世界，接触到元宇宙的边缘；信息与信息的连接，推动人工智能的发展。

从 $D=V/C$ 的角度来看，没有连接，既不能实现价值增值，也不能产生价值交换，经济社会的发展也就无从谈起。连接要做的就是为价值流动建立通道，在连接中实现增值，在连接中实现交互，成为人类发展的基石。

从古到今，不管是陆权的争夺，还是海权的捍卫，多少战争因连接而起。中东连接了亚洲、欧洲和非洲，现在仍然是战略要地。

几次人类社会的革命，连接工具和方式的升级都是主要特征。我们所提到的人流、物流、信息流、资金流等均是建立在连接革命之上的。

2007 年，我有幸去一家国际物流企业深入了解它的服务流程。在整个流程上，该企业划分出 9 个节点 37 个服务要素，从预约到取件，再到结算，形成一套服务管理体系，完整地覆盖了服务的全过程，以期尽可能地提升服务的透明度。虽然当时互联网已经初具规模，但对于传统企业来说，电话依旧是联系用户的核心手段。不过，当时信息在连接中的重要作用已经非常明显了。

1993 年，美国经济学家、未来学家乔治·吉尔德提出"梅特卡夫定律"，总结了网络价值与网络技术的发展规律，使得"连接"成为互联网发展的重要依据。

连接是互联网厂商的底层基因，人与人的连接形成社交，人与物的连接形成电商，人与信息的连接形成泛娱乐与门户。

进入移动互联网时代，连接开始结合现实，并在一个平台上实现连接多个群体。

2018 年，国内短视频规模爆发式增长，我曾经的工作单位有一款产品需要做新的定位与规划——从条漫产品转型为短视频产品。但是，当时市场上快手、抖音已经占据先发优势，形成了对内容创作者和用户的虹吸效应。我们从内容上、参与者规模上都处于劣势地位，要怎样才能突破呢？

通过分析，我们发现，当时竞品尚未连接到另外一个群体——特效师群体，而这个群体对于短视频拍摄和传播的作用又是极其重要的。关键是连接这个群体后，我们可以创新出更多玩法和商业模式。也许，这正是我们能转型成功的关键。但我们判断，这个时间窗口并不长，我们能够想到的，竞品同样也会想到。可惜的是，由于技术储备不到位，该规划未得到贯彻执行。2019 年年中，我们获悉，我们关注的一款短视频产品已经开发出相应接口，并很快连入 1000 多个特效师和特效工作室，使该产品得到更快速的发展。

信息在连接中的重要性凸显，不仅在网络发展上表现得淋漓尽致——互联网的连接本身就是形成信息流通，而且信息开始与传统连接相结合，直接提升传统连接的透明度，进而打破传统连接的割裂和封闭。

我们现在通过电商平台购买商品，在下单以后就能直接看到物流的状态，知道物流的动向及预计到达的时间，并可以在地图上实时跟踪。在"最后一公里"，我们还知道快递小哥的联系方式，即使人不在接收地，也能够指定快递的存放地点。甚至我们还能为他人之间构建物流连接。在信息流的赋能下，这样的连接效率已经远远超过 21 世纪初。

连接是价值和成本的承载，在连接之上才会有价值交换的可能。

一个系统的形成，其本质是网络的形成，需要在连接的基础上实现。网络节点之间必然存在连接，如果我们拿出大脑的神经元网络图、社会网络图、互联网产品网络图以及人工智能中的知识图谱关系图，如果不做标明，我们大概率是分不清的。

连接如此重要，与任何事物都息息相关。不管是体现为网络中节点的个人、产品和服务，还是体现为系统的组织或企业、经济社会，都需要围绕连接不断优化：对节点的优化、对网络的优化、对系统的优化……以优化实现 V/C 的提升，推动社会发展。

1. 连接与交互

价值，只有在使用中才能体现出来。否则就像"屠龙术"一样——"朱泙漫学屠龙于支离益，弹千金之家，三年技成，而无所用其巧"——深奥、亮眼但不实用。若想使价值显性化，就要为生产出的价值匹配需求，从而使生产出的价值可以精准地流向价值消费的一方。为了使价值能够更高效流转，整个流转过程需要建立连接，形成连接通道。

连接有 3 个基本特征：连接节点的规模、连接通路的承载规模和连接中价值流动的速度。

其中，连接节点的规模是指价值生产和价值消费节点，至于价值流转中的过程节点，消除还来不及，更别提添加了。连接节点的规模包括了节点的数量与节点的多样性，如微信在连接人与人的基础上，开始连接商家、服务型企业和开发者等。节点规模越大，连接越稳定。

连接通路的承载规模既包括通路的宽度，也包括跑在通路上的工具的承载能力，例如双向六车道上的载重货车。

连接中价值流动的速度除了与时间相关，还需要考虑到流动中的价值增值与成本降低，不断提升价值生产端的价值势能，降低价值消费端的消费成本，加快价值消费，推动价值流动速度的提升。如在信息传递的过程中，通过算法算力的加持，可以提升终端的理解与认知能力，实现真正地快速吸收价值。又如在使用互联网产品的过程中，尽量减少操作的流程节点，降低用户的使用成本，提升用户消费价值的规模。

各种类型的连接都是在这 3 个特征上通过技术实现的突破。

以移动通信发展为例，1G 时代的语音，2G 时代的文本，3G 时代的图片，4G 时代的视频，都是在以人为主，稳步提升连接节点规模的同时，以不断提升连接通路的承载规模和信息传输速度为重点发展方向。

到了 5G 时代，连接节点从以人为主，扩大到人物并重。其三大核心特征分别是大带宽、低时延和广连接。其中，大带宽对应连接通路的承载规模，低时延对应连接中价值流动的速度，广连接对应连接节点的规模。按照这个路径可以看到，5G技术面对信息爆炸和信息价值的生产仍是力不从心的。

例如，连接节点的扩展——从人和物向环境甚至虚拟世界扩展，新产生的节点之间信息承载规模的膨胀——节点之间通路的扩充需求猛增，节点规模扩大引起的信息传输速度的提升——多模态信息在高效理解与决策后进行的交互，这些都可能会成为未来 6G 发展的路径。

在经济社会中，连接不仅存在于宏观层面中，例如行业、系统和组织等；在微观层面中，连接也是同样重要的，例如在产品的设计和使用中，存在产品功能之间的连接，这种连接匹配用户的使用习惯和使用路径，使用户在使用产品时过程顺畅，体验更好。

宏观层面的连接很好理解，我们经常接触。不管是商品还是信息，通过连接——例如物流、媒体等，打破了时间和空间的障碍，物品和信息会快速来到我们面前。

企业内部的组织架构同样是连接，员工和团队的协同能力就是组织的连接能力，如果连接出现断点或迟滞，那么团队协同必然会出现问题，导致协同成本飙升。

产品和服务形成的矩阵体系也具备连接特性，只有连接，才会形成产品和服务体系，才会基于体系形成产品和服务生态。产品之间、服务之间、产品和服务之间不产生联系，竞争力必然会大幅降低。因此，产品和服务的扩展也需要考虑连接的必要性，而不能无序扩展。

在产品的设计和生产中同样需要对连接有明确的认知。一个产品的设计，不管是实物产品还是软件产品，让用户更便捷地使用，快速实现用户的目标是产品的追求。

通过上下滑动来切换短视频产品不同内容。简单的短视频切换操作方法，比让用户通过跳转多次再进入观看，更能代表发展方向。

2018年，当时我们公司的多个移动互联网产品覆盖整个泛娱乐领域，尚不能形成以IP为核心的产品联动。虽然当时联动很难，市场上尚未有先例。但以IP为线，以超高清技术赋能为突破口，连接产品是战略既定的原则，不能联动对于公司的战略推进会带来极大的影响。

我被委派组建公司总部的产品规划团队，便邀请公司已有产品的负责人，共同梳理产品前端的主体逻辑。这时才发现，大部分产品前端设计的逻辑都有极大的问题，已经脱离经典的"纺锤形"的产品架构，出现了各种各样的产品架构模式，因此，连接多个产品更是难上加难。

从"输入—输出"来看，用户在一个流程逻辑上获取相应的信息，这时才能看到连接的断点，或成本突出点，实现进一步优化，增减功能。然而，绝大多数产品的前端设计并没有这样一个主体逻辑，断点处处皆存，未能构建有效连接。到目前为止，这些连接不畅的产品早就因竞争力偏弱而停产。

连接不仅仅是建立一个通道，还需要通过交互来提升价值周转的速度，实现正向循环。

交互是人机交互的简称，其概念最早可以追溯到 20 世纪 50 年代，当时计算机科学家开始研究如何让人们和计算机之间更加高效地交互。1960 年，计算机科学家道格拉斯·恩格尔巴特发表了一篇著名的论文，说明了如何使用图形界面来实现人机交互，开创了人机交互的新时代。

当然，在计算机出现之前，人类之间、人类与自然之间的交互是普遍存在的，否则工具的使用与创新、信息的传递、物品的生产等均无法实现。只不过和连接一样，交互有不同的称呼，例如贸易、交流、教授、观察、利用、使用等。

在环境的认知上，人们通过对动植物的观察，习得更多技巧，并反馈在自身的成长；在物的使用上，人们对工具的开发和操作，以便利和高效为目的，不断进行改进和提升；在信息的传播上，人们从被动到主动，从面的传播到点的交互，不断降低成本。

直到进入第三次科技革命，人类面对各种场景的交互方式开始协同起来。

人机交互的进阶参考了人类过往的交互方式，从对数据的计算，发展到对信息的获取；从文字编程，发展到图形界面；从手眼协同的革新，发展到和其他感官的结合；从以信息交互为主，发展到对物的控制。

从数据到文字的交互。

在计算机技术刚刚起步时，电子管技术被普遍应用，计算机在计算过程中需要使用卡片进行存储，操作方式简单，人类可以轻松地掌控计算机的操作，但这种操作模式对于数据处理的效率很低，无法满足日益增长的计算需求。因此，人们开始尝试采用更加高效的方式对计算机进行操作，第一个可以使用的交互式计算机和 SAGE[1] 系统相继出现。

通过计算机与各种输入设备（键盘、鼠标等）的配合，人们可以直观看到自己的输入结果，从而更好地控制计算机，大幅提高了计算机的数据处理效率。

可以看出，起初的计算机交互方式非常原始和初级，且只用于计算领域，尚未和其他行业相通相融。

从文字到图形的交互。

1973 年，施乐公司开发出一款名为 Alto 的个人计算机，使用了第一个具有突破性的操作系统——Xerox Alto 系统。这种计算机鼠标与图形用户界面（Graphical User Interface，GUI）一起使用，创造了一种全新的计算机使用方式，为之后人机交互领域的发展奠定了基础。

在这个系统中，研究人员用鼠标在屏幕上进行交互，实现了文件修改或基于窗口管理来操作多个文件。这个系统非常高效，用户可以像用笔在纸上书写一样操作计算机，实现了画面的直观性和直接性。

1980 年，Xerox Alto 系统的突破性发展引发了苹果公司的

1　SAGE（Semi-Automatic Ground Environment，半自动地面防空系统）。

关注，为其搭建并推广了交互式的 GUI，使得计算机的操作变得更加人性化。

20 世纪 70 年代，普通人并不太容易使用计算机，需要输入命令字符操作，这种方式显得很笨重。GUI 改变了这一点，它使计算机拥有了主流的基础交互方式，例如可以采用拖拽和点击等方式，减少了输入命令字符的操作。其实，这些交互方式也成了后来很多设备的交互方式的基础。

20 世纪 90 年代，随着计算机的普及，掌上设备走入大众市场，个人数字助理（Personal Digital Assistant，PDA）等设备也被广泛接受。基于 PDA 设备的用户习惯，很多生产厂商也开始研究手持式设备的交互方式，手写笔开始出现。

因为手持式设备的屏幕都比较小，屏幕上的元素也比较细小，如何让用户更好地理解并使用它们是一个重要的问题。在交互方面，主要采用了分层设计的方式，一个用户界面可以显示多层信息。依次设立返回或主菜单按钮，使操作更加便捷。

从眼手配合，向眼耳舌身进阶。

现在的交互开始从信息传递，向万物互联发展。

进入 21 世纪，随着科技不断进步，互联网高速发展，移动应用也越来越受到人们的关注，人们也越来越关注新的交互模式。

如今，随着人工智能、大数据、VR/AR 等技术的发展，交互技术也在不断进行着革新变化，并引起越来越多人关注新领域——智能语音、人脸识别、智能随身设备、远程医疗、远程会议和无人机等。

重要的是，当前开始对原有物品进行智能化，例如智能家居、智能家电、智能健身器材、智能服装等，使其在原有交互使用上更加便捷。

新的交互方式是对原有交互方式的增益与提升，不是颠覆。这样增益和提升的目的在于降低人们的使用成本，颠覆则会提升人们的使用成本。就像智能手机，会有很多手势体感的交互，但这样的交互需要符合人们平时的习惯，而不是重新创造交互。

虽然交互技术已经有了如此惊人的发展和进步，但它的发展没有止境。伴随连接在人、物、信息之间不断建立，以及虚拟世界的建成，虚拟世界和实体世界的连接实现，人与人、人与物、人与信息、物与物、物与信息、信息与信息六大方向的交互将不断提升连接价值，迎来跨越式发展。

关于人的"眼耳鼻舌身"的融合性交互——从虚拟到现实相互配合以提升决策和行为效率；关于物的更简洁、更可视化的交互——以高效实现物的使用价值；关于信息的多模态之间的交互——视音文图相互转换以提升信息生成和消费的密度。

未来，交互技术将会更加智能化，通过机器学习和人工智能的发展，交互将更加接近人类几万年以来养成的习惯，例如手的各种行为——抓、握、指等，更加贴近自然行为。

交互的发展历程是人类寻求便利和效率的过程。从最初的简单输入，到通过语音、手势等更自然的方式，每一步的发展都带来了一次新的改善，推动着价值的流转。

为价值生产和消费而生的交互，将在技术更加"隐式"融入人们生活中的背景下，使连接更加高效。

✎ Tips:

- 有连接才有价值交换和成本转移，连接是 $D=V/C$ 实现的基础。
- 构建连接需要满足连接的三大特征，即连接节点的规模、连接通路的承载规模和连接中价值流动的速度。
- 交互是实现连接中价值流动速度的根本，即通过交互方式的升级而提升连接中价值流动的速度。同时，交互不仅会带来连接价值的提升，也会产生成本。
- 虚拟环境中的交互会以实体环境中的交互为蓝本，并最终与实体环境中的交互相互融合。

2. 价值与成本在连接中实现循环

在经济社会中，价值和成本均应连接，始终遵循"价值生产—价值交换—价值消费"的路径。而成本附着于价值，随价值流动形成成本转移。

在自然经济和商品经济这两种经济社会的基本形态中，价值消费是目标，最终需要符合用户不断升级的需求，进而影响到价值生产和交换的发展。

价值生产成为经济社会发展的动力，价值生产方式基于可工程化的科技水平，不断升级，变得复杂，并产生了内部连接。连接着生产与消费的价值交换，是触点，是通道，在技术的推动下不断升级。其不仅推动着价值流转，也在为生产出的物和信息创造价值——例如品牌的构建与传播。

在自然经济时代，价值围绕生存展开，原始的采集业、狩猎业、渔业等生产出的物，会直接交换给所需之人。模式极其简单，简单到不需要过多加工，不需要建立什么交换通道。信息牢牢附着在物上，以人的需求为牵引进行价值交换，受限于空间范围。

进入商品经济时代，是以价值生产方式来定义各个阶段的，例如，简单商品经济阶段是以个体生产价值和交换价值为主的，发达商品经济阶段是以组织生产价值和交换价值为主的。技术发展的每个阶段，都显著推动了价值生产，形成种类繁多的商品，同时也使价值交换的空间范围不断扩大。

伴随商品规模、种类及交换空间的扩大，价值交换的重要作用开始显现，并不断升级。

在小农经济阶段，生产活动通常是以家庭为单位的，每个人只能生产一些简单的产品，主要用于家庭消费，消费后的剩余产品才会进行简单的价值交换，以满足自己其他的需求。另外，在家庭生产中形成分工，为提升生产效率，沟通（信息连接）是必不可少的。

当需要满足更多人的需求时，必须扩大产品的生产规模。

同时在技术的推动下，小商品生产者逐渐向两极分化加剧。一些富裕的手工业作坊主或商人雇佣了较多的手工业者，组织他们在自己的作坊里共同劳动，经济社会进入生产的简单协作阶段。在作坊中，原材料被再加工，各个劳动者的劳动技能相互补充，通过组织形成内部人员的连接，进而形成协同，群体力量提升了产品的生产效率。

进入工场手工业阶段，原材料生产者、手工业者的分工更加细化。从原材料生产，到再加工，最后到产品生产，产业链雏形初现。其中，商人起到了重要的连接作用。价值生产的内部连接趋于完善，但是从价值生产到消费的连接没有太大变化，价值交换的主要场所依旧是"坊"和"市"。

工业革命以后，经济社会进入价值生产的机器和大工业生产阶段。在这个阶段中，价值生产方面的分工向专业化发展，"原材料—再加工—零配件—集成为成品"，产业链愈发成熟，连接更加紧密。

价值交换的场所发展更迅速，从单维业态主导到多维业态并存，分类越来越细，从大宗批发到小额零售，从百货商店到超市，不一而足。

在这个阶段中，只要具备价值的事物均可交易，商品不再局限于满足生理需求的实体，满足心理需求的信息也成为商品，例如电视节目、电影等。

虽然在技术的推动下，商品的种类快速增长，不断满足人们日益增长的需求，但是商品所处的环节各司其职，互不干扰。

制造电视机的厂商，只会考虑如何打通供应链，制造更好的电视机，而不会考虑电视机上播放什么节目。同样，电视台在播放节目的时候也不会考虑人们通过什么品牌、多大屏幕、是黑白还是彩色的电视机观看。

直到现在，依旧有很多厂商以这样的思维在思考商业和企业的发展。如果没有互联网，这种方式可能会一直延续下去。或者如果互联网只做信息的生产和分发，对原有的商业秩序也不会有太大的冲击。

但是，经济社会的发展没有"如果"，也不会按照人们的习惯发展。信息的柔性使得信息不仅可以独立存在，也能附着在实体商品上，提升实体商品的价值。

信息改变世界，互联网这个"野蛮人"最终还是站在了门口，并举起了"手中的大棒"。

进入互联网阶段，尤其是刚进入移动互联网时代，"野蛮人"终于来了，"跨界"的声音不绝于耳。首先受到冲击的是与信息相关的产业——广播、电视、电影、通信、广告等；其次，服务业也没有躲过去，百"团"大战、共享经济……一波接着一波；最后，实体产品从商品到渠道，受到智能化冲击，手机、家电、汽车……软件开始定义实体产品的形态、功能和价值，互联网应用在营销/运营渠道中的作用越来越重要。那么，这一切为什么会发生？背后有什么规律呢？

对"价值生产（原材料—再加工—零配件—集成为成品）—价值交换（渠道—交易）—价值消费（使用）"整个链条来讲，与无互联网时代相比，互联网时代的价值生产节点没有发生太大的变化，即使有变化，也是按照用户需求和软件定义来调整供应链中零配件的生产与分配。

出现最大变化的是在价值消费和价值交换节点。

在价值消费节点上，新的信息分发与获取模式，改变了人们的行为习惯，进而影响到人们对于实体产品和服务的行为习惯。既然都可以在网络上随时获取各种各样的纸媒和电媒内容，那延伸一下，在获取这些内容的同时，获取一些服务也不是坏事情。而且，"世界是平的"，对于服务，还可以筛选，更好地满足自己的需求，何乐而不为呢？一旦人们形成这样的行为习惯，原有的商业逻辑就发生了根本性变化——这个变化是在价值交换环节中实现的。

在互联网时代，基于人们行为的变化，价值交换节点开始对传统的商业逻辑形成强有力的冲击，但这样的冲击并没有对"价值生产"节点的循环造成太大影响。因此，在"价值生产"节点上的众多参与者，起初并没有太重视，有些人甚至轻视这些变化。毕竟，在原有的商业逻辑中，不仅行业和行业之间区别明显，而且在同一行业中，价值生产和价值交换也是井水不犯河水的，利益分割规则很明确。价值交换节点上的变化，尤其是信息方面开始的变化，与自己并没有太大的关系。

然而，风起于青萍之末，浪成于微澜之间，恰恰是价值交换节点的变化，引发了整个商业逻辑的变化。

新的商业逻辑形成于互联网行业，被称为互联网思维。随着"互联网 +"的深入发展，互联网思维已经开始影响现实世界。我们可以用一个模型来说明这个商业逻辑，PCP 模型如图 2-1 所示。

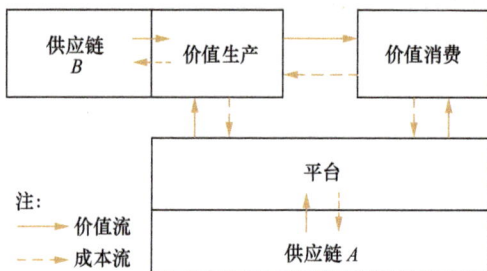

图 2-1　PCP 模型

　　在该模型中，平台连接价值生产与价值消费，以价值交换为主要职责，推动着价值流动与成本转移。例如，电商平台连接商家与用户，出行平台连接车辆与用户，音视频平台连接内容生产方与用户，甚至社交平台也开始连接各类生产者和用户。

　　在这样的连接中，价值消费方不仅消费着价值生产方提供的价值，也消费着平台提供的服务。例如，在短视频平台上，用户在消费各种短视频内容，同时也在享受平台提供的精准推送服务，平台使价值消费方的 V/C 大幅提升。

　　同样，平台上的价值生产方也在接受平台提供的价值——推荐精准的价值消费方，从而大幅降低价值交换中的成本，以确保自身 V/C 更有利。

　　由此，我们可以将这个模型称为 PCP 模型，即价值生产和价值消费在平台上实现交换，其核心在于平台支撑下的价值流转，而价值总是从生产方流向消费方的。

在 PCP 模型中，当价值消费的主体是个人时，形成 B2C[1] 的商业模式；当消费主体是组织或企业时，形成 B2B[2] 的商业模式；而当价值生产的主体是个人时，最终形成 C2B[3] 或 C2C[4] 商业模式。在移动互联时代，平台形成的平台经济，率先推动 B2C 商业模式的成熟。

在平台上，从价值消费方的角度来看，可以更加便捷地接触并获取到各种各样的产品和服务，从而降低了自身的价值获取成本。这也是为什么综合性电商平台会放弃小精尖的商品范围或垂直领域，尽力扩大品类规模的原因——即使是垂直领域的电商平台，也会尽力扩大品类规模，并最终成为某一个群体用户的综合性电商平台。

从价值生产方的角度来看，平台也算是供应链的一环，只不过这个供应商不仅向价值生产方提供产品和服务的价值增值，也为价值生产方带来消费群体。

从平台的角度来看，价值消费方是核心，围绕他们的价值消费，不仅需要提供连接价值，还在制定平台标准，进而向价值生产方提供工具，以使价值生产方更好地向价值消费方提供价值。在此过程中，平台为了更好地满足价值消费方的需求，

1　B2C（Business to Customer，企业对用户）。

2　B2B（Business to Business，企业对企业）。

3　C2B（Customer to Business，用户对企业）

4　C2C（Customer to Customer，用户对用户）。

不仅会尽力扩大价值生产方的规模，还会不断通过技术手段来提升连接的效率。

在桌面互联网时代，用户在互联网平台上会获取免费的信息和服务，成本由价值生产方或平台来承担。然而，进入移动互联网时代以后，我们经常看到，互联网平台开始制定让人眼花缭乱的会员规则以向用户收取费用。"VIP"都不够用了，"SVIP""SSVIP"……花样百出。为什么出现这种现象呢？在 PCP 模型中看价值和成本的流转，也许能找出一些端倪，如图 2-2 所示。

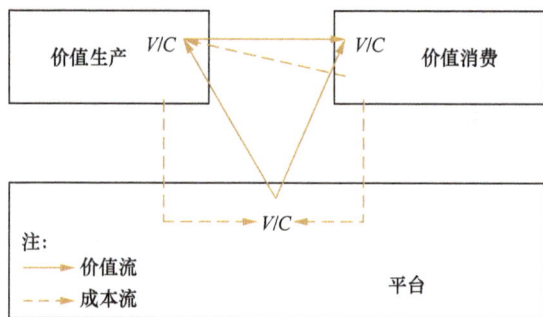

图 2-2　PCP 模型中价值与成本的流转

平台通过成本的投入，生成 3 个部分的外在价值：一是保障用户的价值获取渠道，并帮助用户进行选择，或直接向用户提供价值，前者如搜索，后者如视频平台开始出自制综艺、电视剧；二是保障信息或服务快速抵达用户，如主动推送、与企业端共同联运、自建物流等；三是向组织或企业提供平台工具，使其产品和服务的价值增值，如操作系统中的开发者平台。

为使第一种外在价值更加稳定，平台会通过第三种外在价值，加大对企业端的连接规模，提升企业端的规模。

3 种外在价值会因个人端或企业端的使用，形成内在价值。内在价值会转化为成本，进而推动外在价值的迭代与升级。

由于平台手握用户流量成为极为重要的用户触点，而价值生产方需要在平台上向用户出售产品和服务，以实现其价值。因此，在产品和服务的成本里，不仅包括产品和服务的生产成本，还包括需要匹配平台标准的成本，以及平台上的获客成本。如果用户能够长期使用其提供的产品和服务，那么价值生产方在平台上会实现长期价值。

对于大多数平台而言，在人口红利期，需要更快地扩大用户规模，形成多维度连接基础。此时，平台并不能给用户提供太多差异化的价值。如果进行收费，则提升了用户成本，用户自然会选择其他平台，这与平台的目标不符，因此，平台会对用户免费。

平台把控用户流量会成为对价值生产方的强议价手段，不仅通过技术来提升企业端的产品和服务的价值，也会通过推广让更多的用户使用企业端的产品和服务，从而带给企业端更多的内在价值，例如从平台的公域流量中帮助企业端运营出私域流量。在这个过程中，平台自然会向企业端收费。

但当人口红利消失，在马太效应下，头部平台已经出现，或平台能够向用户提供更多差异化产品和服务的时候，自然会开始向用户收费。

在 PCP 模型中，互联网会形成平台，这个平台以应用产品的形式出现，用户在平台上获取各种各样的信息。信息与实物相结合以后，实物也逐渐成为一个平台，开始进行连接。例如，当前的智能音箱、汽车，未来的 XR 眼镜等。

需要注意的是，在基础平台上，依旧会生成小的平台，并不断细分下去。例如，手机天然就是一个平台。不过，思维不改变，那手机也就不会发挥出平台的作用。而把平台的职能让位于可以形成平台的软件或应用，手机操作系统上依旧会出现应用平台。

换言之，手机操作系统的用户是公域流量的话，那么应用的用户就是该公域流量中的私域流量。如果操作系统放任头部应用平台的成长，那么总有一天，应用平台将会反制操作系统，影响操作系统制定规则，甚至应用平台会推出自己的操作系统。

这是平台之间的竞争，因此，对于平台而言，不仅需要判断出显性竞争对手，也需要对隐性竞争对手保持敏感。

Tips:

- PCP 模型的商业逻辑形成于互联网，但已经开始对现实世界产生影响。

- PCP 模型实现了"价值生产—价值交换—价值消费"上 V/C 的循环，推动着经济社会的发展。

- 在 PCP 模型中，价值流转是显性的，底层是成本的支撑，即成本伴随价值流转——从生产到交换再到消费。

- 平台并不是万能的和必须搭建的。与其他的组织或企业相比，平台只不过因定位不同，在经济社会中承担了不同的职能，产生了不同的价值。平台只是放大了"价值交换"节点的作用，突出了连接的重要地位。

第三章

发展围绕价值消费而生

每一个人内部都有两股相矛盾的力量。一股力量出于畏惧而坚持安全和防御，倾向于倒退，紧紧依附于过去，害怕成长会脱离同母亲的原始联系，害怕承担机遇和风险，害怕损害了他已有的东西，害怕独立、自由和分离。另一股力量推动他向前，建立自我的完整性和独特性，充分发挥他的所有潜能，建立面对外部世界的信心，同时也认可他最深邃的、真实的、无意识的自我。

——亚伯拉罕·哈罗德·马斯洛

> 《动机与人格》从本质上揭示了个人需求生成的根本原因，每个人内部的两股力量推动着个人获取价值的形成。这些价值需求，不仅决定着他们为获取价值而愿意承担的成本，即自身的 VIC，也影响着价值生产方对所生产产品和服务的决策，以及价值生产方的 VIC。

在 PCP 模型中，当价值消费方的主体是个人时，为个人提供实现价值的方式和手段是核心，个人也会通过 $D=V/C$ 来衡量、筛选平台或平台上的价值生产方，只有 V/C 超过预期，个人才会留在平台的公域流量池中，才可能成为平台上价值生产方的私域流量。

2021 年，我进入一家 3C 产品[1]公司，主做技术侧的战略规

1　指计算机类（Computer）、通信类（Conmunication）、消费类（Consumer）电子产品。

划。该公司依靠渠道力量在下沉市场做得非常扎实，抓住了移动互联网爆发的有利时机，市场份额增长迅速。

2023 年，该公司的产品出货量急剧萎缩，不仅未能实现高端突破，而且原来占优的中低端市场也逐步被蚕食。公司花了非常大的力气把消费者有理有据地划分为 10 多个群体，确定了各种类型产品的特征和主打市场。整个过程符合商业逻辑，不管从决策方法还是流程，都是非常严谨的，也是科学的。但因为市场开拓不力，用户研究的价值被质疑。问题出在什么地方？

市场环境的因素占大部分，公司对消费者变化的理解出现偏差，基于理解偏差所生产的产品比不上竞争对手是其重要原因。

首先，消费者随信息环境发生巨大变化。在互联网人口红利已经消失的情况下，所有人处于信息爆炸时期，地域差异变小，需求差异显性化。因此，按照传统方式对消费者进行划分已经不再有效，但公司并未改变消费者的划分方式，依旧以原有的划分方式推进。

其次，对于消费者生硬的划分，完全没有考虑到消费者自身的情况变化，例如年龄变化、偏好变化等。互联网厂商在 21 世纪初已经娴熟地使用的产品矩阵思维，在传统企业中丝毫不见踪迹。以至于公司产品未能形成有效协同，不是以矩阵方式面对消费者的生命周期，而是一如既往地单点突破，最终使公司产品没有延续与继承。

最后，公司对"用户""客户""消费者"的定义没有统一口径。这使各业务部门按照自己的理解来行动，很多部门口头说的是"用户"，而实际上则是针对"客户"的行为准则，因此，公司越是强调"以用户为中心"，那么，产品线和业务线越会按照自己的理解工作，越是难以形成产品协同。

那么，"用户"到底是谁？怎样去真正地理解用户呢？

1. 用户是谁

在互联网时代之前，"用户"并不是描述价值消费者的关键词汇，传媒企业通常称其为"受众"，实体商品的生产企业和商超称其为"客户"……只有互联网企业才会称其为"用户"。一字之差，代表含义完全不同，企业的行为目标也完全不同。

用户是对产品和服务有需求和偏好，并一直使用产品和服务的人。其核心是"一直使用"。用户在使用一个产品和服务时，是有生命周期的，从开始使用到高频使用，再到放弃使用。

互联网企业把"用户"融入发展血脉，贯穿始终，强调延长用户使用产品和服务的生命周期，会通过这个周期内的服务来实现收入增长。用户黏性、使用时长等都是互联网业务的核心考核指标。

对传统企业来讲，把产品和服务卖给消费者，便实现了目标。因此，消费者只是"客户"，而非"用户"。即使传统企业很深入地了解消费者的使用体验、使用偏好，那也是为了改进下一代产品，卖出的产品并不在考虑范围内。这样的企业，与其说是以用户为中心，倒不如说是以售卖为中心。

　　如果下一代产品设计的本源在于用户使用当代产品的情况，从设计到生产的时间越长，用户的改变会越大，市场的不确定性就越强。在此过程中，一旦有新的产品可以满足用户新的需求或代表了用户新的需求，那么该企业的下一代产品要么在短时间内进行调整，要么一上市就落后。

　　企业什么时候真的是在考虑用户使用产品的体验——把用户使用产品生命周期纳入考核的范围，在为用户更好地使用而努力——根据反馈快速更新迭代用户手中的产品，即生产出的产品尽量延长其使用的生命周期，那才真正地转换到用户思维。

　　在移动互联网时代之前，确定自己的用户范围一般有市场调研法、竞品定位法和用户细分法 3 种方法。根据环境的不同和战略的指引，选择使用这 3 种方法。一般而言，针对开拓性的产品和服务主要使用市场调研法；以所谓"后发制人"方式为主，主要使用竞品定位法；稳定基本盘，需要深耕的，主要使用用户细分法。

　　进入移动互联时代，一切都变得不同。随着互联网渗透率的不断提升，"信息鸿沟"逐步被消除，交通快速发展，使人流、物流的流动效率有了极大的提升。此时，用户的个性化需求开始爆发，同地域的用户需求千差万别，不只代与代之间差异显著，即使是同代际人群需求也百花齐放，例如，有人喜欢户外，有人喜欢品茶，有人喜欢追剧，就有人喜欢综艺。同时，这些改变也消除了地域之间的差异，在北方地区冰雪运动搞得轰轰烈烈的时候，南方地区的人们也会把滑雪作为休闲的一种选择。

2013 年，我去日本一家最大的市场调查公司参观。他们信心十足地介绍了自己的研究成果：中国分区域的消费与生活形态分析。当我们分享某平台的电商指数后，日方在座人员惊诧万分。电商指数在存货单元（Stock Keeping Unit，SKU）的分类上不仅更加完整和丰富，用户基本信息和行为也显露无遗，而且数据是实时的。从分析维度到数据时效性，一个每年投入巨大的连续性项目，在移动数据面前毫无优势可言。当"信息鸿沟"不再，以弥补信息差为主的用户研究率先面临挑战。

2015 年，我作为一家互联网厂商营销学院的外部讲师，为东部某省的企业家讲解如何使用互联网构建用户画像，并基于用户画像进行技术营销。使用互联网技术，对于目标用户按地域和偏好的精准定位，成功吸引了企业家们的关注。

首先使用移动互联网的地理栅栏圈定用户，然后通过用户的信息偏好分析其喜好的产品和服务，进而精准推送产品信息，监测点击与行为转化……对用户的理解贯穿整个流程，并即时形成产品和服务的外在价值与用户所需价值的匹配。

既然地域差异已经不再，用户个性化需求却爆发式增长，那么对于目标用户定位的手段也需要与时俱进。

我们依旧回到 PCP 模型中价值流转上，价值消费方所需的价值即企业需要通过产品和服务创造的价值，只有精准匹配产品和服务所提供价值的消费方才是目标群体。因此，只有洞察出价值消费方真正的需求，以价值框定出来的消费群体才是真正的目标群体。

通过价值可以寻找到目标群体，但是，要在这个群体中找到中坚力量，还需要用更多的维度来判定，例如，该价值对用户的重要性，用户对于产品和服务的使用频次，用户在产品和服务上的使用周期，以及付费意愿等。

在目标群体中的进一步分群，并不是要向不同群体提供差异化的产品和服务，而是通过进一步地运营目标群体，去增强他们对产品和服务的使用黏性。需要注意的是，社会赋予了不同群体的不同角色，他们依据各自的角色，会有各自的社会权益，这样的权益也属于他们所获取的价值，而且是重要的价值。

从价值角度来看，企业需要明确给价值消费方带来的短期价值和长期价值是什么。

短期价值包括价值消费方可以在短时间内享受到的实际价值，例如低价商品、限时优惠、折扣码和外观差异等，也包括满足价值消费方当前的需求并加速他们的决策过程，例如，快速的服务和交付时间、即时回应和反馈等，还包括提高价值消费方的满意度和购物体验，例如简单易用的界面设计、快捷的购物流程和推荐系统等；而长期价值是可以给价值消费方带来持续的、长期的价值体验，例如，高品质的产品和服务、专业的用户服务、品牌忠诚度计划、灵活的退换货政策、高质量的售后服务、个性化的定制、个性化的营销和推荐、品牌资产和知识产权等。总之，短期价值通常是指对于用户而言立即可得的好处。

而长期价值则更侧重于可持续的、有深度的价值体验。虽然短期价值在某些情况下可以帮助企业吸引消费者和提高销售额，但长期价值才是真正使企业在市场中获得成功和可持续增长的关键，也只有通过长期价值匹配出的价值消费方才是企业真正的目标群体。

Tips：

- 通过价值而非基础属性来确定的价值消费方，才是真正的目标群体。
- 价值消费方所需的价值需要深入挖掘和洞察，进而指导产品和服务的生产。
- 需要通过价值消费方对价值的重视（例如为了获取价值而具有的风险承担能力）与使用程度（例如时长与黏性）来划分消费群体，实现各消费群体的转移，不断延长他们对产品和服务的使用周期。

2. 神奇的50%

我在做互联网研究时，"50%"是一个神奇的数字，可以用于判断很多趋势：互联网应用的成熟度、应用发展的可能性、同类应用的竞争等。当一款应用在目标用户中的渗透率达到50%后，该应用的成长大概率不会遇到障碍。进而，当应用的用户渗透率超过50%时，因应用带来的收入会进入快速增长通道。当收入超过头部参与者收入的50%时，该应用就可能进入头部应用竞争行列。

50% 为什么这么神奇？美国社会学家埃弗雷特·罗杰斯在其 1957 年的著作《创新的扩散》中提出创新扩散理论，罗杰斯的研究主要关注的是人们如何接受新的技术和科学，他认为在接受新事物的过程中，人们可以分为创新者 / 探索者、早期采用者、早期多数人、晚期多数人和慢速采用者 5 类。

基于这 5 类人的不同特征和行为，罗杰斯绘制出了一条曲线，即罗杰斯曲线。该曲线描述了一个新产品和服务在市场上的生命周期，以及消费者接受程度的变化趋势。该曲线被用于对不同产品和服务在市场上的接受程度进行分类，以便确定最佳的市场营销策略。

通常来说，曲线的横轴是时间，纵轴是产品接受率，让用户能够更清晰地了解产品的适销性和制定推广策略的时间点。罗杰斯曲线如图 3-1 所示。

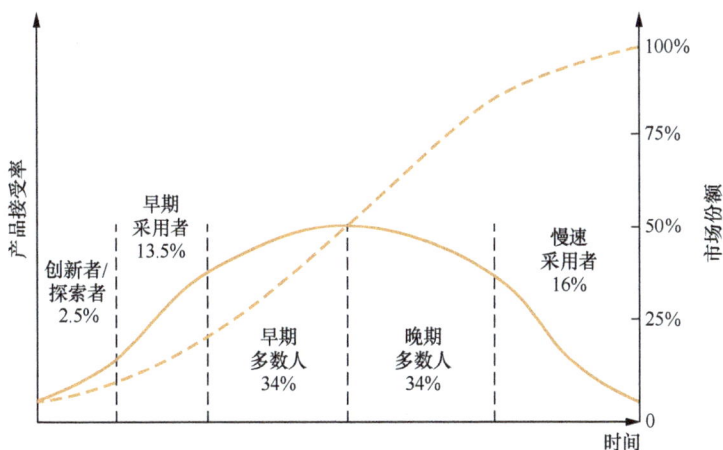

图 3-1　罗杰斯曲线

从罗杰斯曲线来看，创新产品和服务的市场份额在 50% 时到达拐点。在这个点上，已经覆盖了用户中的创新者/探索者、早期采用者、早期多数人，后面其他用户将裹挟在"大势"之下，随众而行。

需要注意的是，在拐点之前，从早期采用者到早期多数人会存在一个巨大的鸿沟，这个鸿沟在早期采用者和早期多数人之间，即 16% 这个点位。因此，16% 又被称为"生死点"。只有通过创新，跨过这个鸿沟，才会到达"起飞期"，然而，大多数创新者会倒在这个鸿沟前。

在拐点之后，创新产品和服务的市场份额不会总能达到100%，很多创新在社会系统中只能达到某个百分点便形成饱和。当在社会系统中的市场份额再也没有增加时，创新到达饱和。

对于互联网产品，寻找到的创新者一般是种子用户，找到种子用户后，会用极快的速度在早期采用者中加强渗透，并期待更快地跨过早期采用者到早期多数人的鸿沟。这就是互联网中一直在提"唯快不破"的核心原因，也是互联网产品会在前期不断加大投资，尽量扩大市场占有率的本质原因。

同样，当今的互联网营销中，也暗含了这条曲线。不管是优质产品推荐者，还是关键意见领袖（Key Opinion Leader，KOL），这些人都是在某一领域的创新者/探索者，他们会影响到早期使用者，进而扩散到早期多数人。当形成"势"后，产品和服务大概率会无障碍地渗透到剩余群体中。

随着科技创新产品从软到硬，实物产品成为信息的承载体，同时，实物产品的智能化需要更多的信息作为支撑。更多的智能化产品将"专业化"转变为"小白化"，普通用户也能产出专业价值，此时，实物产品也越来越匹配这条曲线。

苹果首次推出的"电影效果模式"印证了这条曲线的存在。在打造"电影效果模式"的过程中，苹果团队先是与世界级的摄像师探讨取经，并观看了大量的电影。在此过程中，他们发现了制作电影过程中的一些亘古不变的趋势。焦点之间的变化是电影行业通用的语言，需要准确地了解它们的使用方式和时机……只是，"变焦"是为专业人士准备的，普通人很难掌握其中的精准度，可谓是手上差之毫厘，观感上谬以千里。

苹果通过变焦和平滑转移等技术，提升了摄影师的价值生产效率，捕获了这个领域中的创新者/探索者；又使普通人在拍摄视频中更容易达到电影的效果，反过来影响到视频拍摄领域的早期使用者和早期多数人。

当然，苹果已经站在了金字塔顶端，可以按照自己的理解和节奏去开发产品。即使这样，苹果也需要找到用户群中某一领域的创新者/探索者，去满足这部分人群极致的需求，进而形成创新扩散。

对于新产品和追赶者，更是如此。关注用户已不能再用传统用户划分方式，以满足不同群体的差异化需求。而是需要参考创新扩散理论，找到核心用户，即探索者和早期使用者，使产品和服务满足他们的根本需求。也只有这样，才能使产品和服务与当前互联网营销推广精准匹配。

当然，罗杰斯曲线并不是万能的，它只适用于需求弹性较大的产品和服务，对于满足基础刚需的产品和服务则难以适用。但对于产品和服务而言，需求弹性较大，正是创新的特征。也只有通过创新，才能产生新的价值，推动经济社会的快速发展。

罗杰斯曲线面向具有同样价值需求／领域的人群，并按照对价值需求满足的时间或对领域认知的深浅，划分出 5 类人群。

在罗杰斯曲线定义的 5 类人群中，创新者／探索者是合作伙伴，一般是该价值需求／领域的专家用户，需要和他们一起挖掘本质价值需求，一起创新产品和服务，降低他们的价值生产成本，提升价值生产的效率。

早期使用者是核心用户，需要为他们提供产品和服务，使他们的本质价值需求得到满足，让他们通过使用产品和服务，创造更大的价值。当然，早期使用者也承担了在使用创新过程中所产生的风险成本，当风险成本太大，相较于其他满足需求的手段，V/C 并不占优时，核心用户就会流失，这也是很多创新产品较难跨过的鸿沟。

早期多数人是进阶用户，会追随早期使用者使用产品和服务，并生成／创造更多的使用场景，推动产生更大的社会价值；晚期多数人和慢速采用者是延伸用户，需要通过协同，使用多样的营销手段——信息技术与人际传播结合，在成本可控的情况下，使产品和服务快速到达饱和点。

✎ **Tips:**

- 随着硬件产品越来越智能化,硬件产品成为信息承载体,信息产品的创新扩散理论也逐步适用于硬件创新产品。

- 对于不能智能化的产品,例如食品饮料,也在满足用户基础需求之上增加了更多的功能。增加出来的功能属于创新范畴,则此类产品也同样适用于创新扩散理论。

- 以价值划分出的目标用户需要通过罗杰斯曲线进一步分群,以价值确定产品和服务的创新机会点,以用户分群来实现创新的落地与推广。

- 创新不能闭门造车,需要与创新者/探索者共同实现。

- 核心用户是早期使用者,进阶用户是早期多数人,需要跨过早期使用者到早期多数人的鸿沟,创新才会进入起飞期。

- 当创新在社会系统中渗透率超过50%,意味着创新已经跨过拐点,形成趋势。

3. 场景与需求

在 2014 年罗伯特·斯考伯和谢尔·伊斯雷尔合著的《即将到来的场景时代》中,首次将"场景"引入传播学。他们提出场景时代的到来依托五大技术的支撑,即"场景五力":移动设备、社交媒体、大数据、传感器和定位系统。

互联网发展的稳态到来，使互联网现象级产品难以出现，场景时代又与移动互联网紧密相关，越来越多的互联网厂商开始寻找场景作为突破口。对传统企业而言，受到移动互联网的冲击，希望能够拥有互联网思维，以转型来应对市场的快速发展，因此在研发产品或创新服务时，也开始谈场景。但是，发展缓慢或者难以寻找创新机会点真的在于场景不清晰吗？

我们回归场景的本质：场景一词源于影视剧，指在一定的时间、空间内发生的任务行动或因任务关系所构成的具体生活画面。

因此，可以理解在企业外部宣传或进行营销时，把产品和服务放入一个场景中描述，以便市场更好地理解产品的用法。

但在研发产品和服务时，把前期的工作重点放在找场景上，就显得有些怪异了。尤其是，对于很多人而言，可能都讲不清楚什么是场景，或者，大家对场景没有统一定义。甚至，有时还会把情景和场景混为一谈。可想而知，在这种情况下研发出的产品和服务，是否能够匹配消费者的需求，这是存疑的。

场景以"场"为主，需求在"场"中实现，或者说"场"是需求的承载平台，相同需求可以由不同的"场"来承载。这个"场"包括时间、空间、激发需求的目的以及解决方案。情景以"情"为主，靠情绪激发需求。

对于产品和服务来说，一定是以提供价值为核心的，这个价值以满足用户需求为重，是实现某种价值的工具。由此可见，只有先明确给用户提供什么价值，才能放在一个场中进行描述，或刺激用户的情绪，激发用户冲动购买 / 使用。

在一个商场中的 VR 竞技馆中玩 VR 游戏——这是场景，解决"卖什么"的问题；好多人排队玩 VR 游戏——这是情景，解决"怎么卖"的问题；第一人称视角 MOBA 类 VR 游戏——这是产品，解决"生产什么"的问题。VR 游戏可以在各"场"中玩，未必局限在商场中的竞技馆。即使以排队来体现稀缺刺激更多的人来玩，但内容不好也就是一锤子买卖。只有好的产品和服务才能吸引用户，才会生成各种场景，或不断地再现情景。

有人要研发一款家庭跟拍机器人，以拍摄用户在家中的生活琐事。暂且不提"家庭跟拍"这个需求的真实性，当以"家庭"这样的"场"来限制"跟拍"这样的需求时，就会使有"跟拍"需求的用户规模急剧下降。

但如果反过来，满足用户"跟拍"的需求，用户就会找到或创造新的承载需求的"场"，可以跟拍人，也可以跟拍宠物，可以在户外跟拍，也可以在室内跟拍……因此，企业只需要满足用户需求，创新产品和服务。创新场景的权利，还是交给用户更好。

即使是企业开发场景，最主要的目标是通过产品和服务更好地实现用户需求，而不是打造场景，更多是引导用户创新场景及给出建议。

场景开发仅供场景营销使用，在场景中展现产品和服务所创造的价值。毕竟再大的企业，也不能开发出所有场景。用户会自己创造产品使用的场景，以实现自己在该场景中的需求。

随着物质的极大丰富，信息密度的增加，用户已有的需求基本被满足，并且用户需求也不再受限于"场"的束缚。只有创新才能满足用户更加深入和差异化的需求。简单地在需求上加入场景描述，看似有了差异，但这并不是真正的创新，没有真正地解决问题。

如何挖掘用户差异化需求成为很多企业的用户洞察部门所遇到的困境。用户研究的分析领域（新品上市、品牌研究、满意度研究、U&A[1]研究、生活形态研究等）、分析手段（定量、定性、焦点小组座谈会等）、分析指标与模型已经非常成熟，用户研究流程也已经固化，但对产品、营销的作用却越来越小。其根本原因在于社会发生了变化，不仅数据来源发生了变化，数据规模也呈指数级增长。同时，用户需求也变得复合、多维，已经不再适合马斯洛需求层级理论的应用。当发生根本性变化，传统思维下的合理分析的价值就会越来越低。

其实，马斯洛需求层级理论已经挖掘出需求的根本原因，只不过我们需要重新审视，并用新的思维来应对。

在马斯洛看来，人类价值体系存在两类不同需求，一类是沿生物谱系上升方向逐渐变弱的本能或冲动，另一类是随生物进化而逐渐显现的潜能或需求。人类都潜藏着 8 种不同层次的需求，但在不同时期表现出来的各种需求的迫切程度是不同的。

人最迫切的需求才是激励人行动的主要原因和动力。低层次的需求基本得到满足后，它的激励作用就会降低，其优势地

---

1 U&A（Usage and Attitude，使用及态度研究）。

位将不再保持下去，高层次的需求会取代它成为助推行动的主
要原因。有的需求一经满足，便不能成为激发人们行动的起因，
于是被更高层次的需求取而代之。

1943 年，马斯洛需求层级理论被提出，正是社会化大生产
时代，资源稀缺下，用户的需求需要逐步满足。到今天，社会
产能过剩，绝大多数用户的低层次刚性需求得到满足，即使更
高层级的需求也并非遥不可及。马斯洛需求层级之间，围绕对
需求表现形式的创新，开始相互结合，例如，社交需求和生理
需求相互结合。需求层级理论的延伸应用如图 3-2 所示。

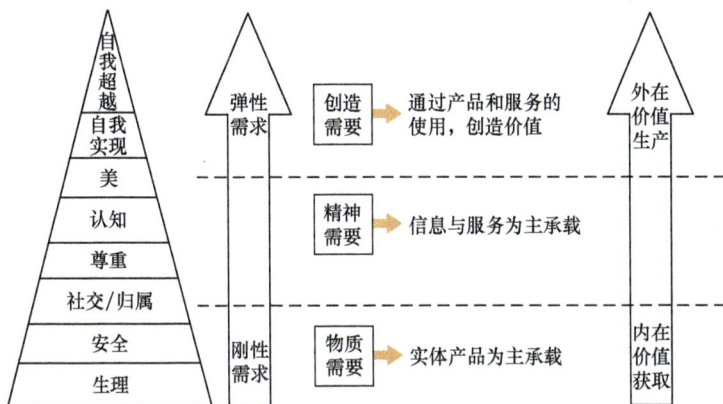

图 3-2　需求层级理论的延伸应用

底层需求的相互结合，可形成更多的创新需求。由产品承
载信息，代表了物质需求承载精神需求，物质与精神开始结合。
物质与精神结合时，不同的重点（例如社交为主与安全相结合，
可以开发隐秘空间）、相同产品承载的不同信息（例如健身应用
延伸出社交功能）、相同信息在不同产品上的展现（例如以 IP

为核心的文创衍生品）……既会形成不一样的需求组合，也会导致产品和服务的跨界。

需求组合不是原有需求的细分——细分需求只会减少用户规模。需求组合是对用户规模的扩充，组合后的新需求进一步完善和满足了原有基础需求，例如满足用户"安全"需求的产品，可以叠加"审美"需求，那么就出现了创新的"安全"产品。

此外，创新需求必然带来创新风险，只有通过深入研究用户，并对用户创新需求进行严谨的证实或证伪，才能明确方向。当方向明确后，后续的用户研究才会体现出应有的价值。

✍ Tips：

- 场景的重要价值在产品和服务的营销阶段，而不在设计生产阶段。

- 用户需求的理解与创新，是产品和服务发展的根本。

- 用户会根据自己的需求——不管是内在价值获取还是外在价值生产，按照环境情况，选择使用的产品和服务，从而形成新的应用场景。例如共享单车原本解决"最后一公里"的需求，当有人买菜骑共享单车或锻炼骑共享单车的时候，新的应用场景就会出现。

4. 匹配用户成长的产品矩阵

随着中国经济的不断发展以及人们消费水平的提高，人们对于产品和服务的要求也越来越高。产品和服务不仅要从用户需求出发，还需要匹配用户的成长，这已经成为每家企业必须面对和解决的重要问题。尤其需要注意的是，在用户成长的过程中，需求会因环境变化、个体经验变化而发生变化。需求的变化也必将牵引生产变化。

面对这样的变化，互联网产品一般会根据用户的行为与偏好不断升级产品，或者打造垂直产品，进而连通，形成产品矩阵。其核心目的在于，尽量让用户成长与产品使用周期相匹配。例如，QQ 主打年轻人群社交，等这些人进入职场后，也会开始选择用微信进行社交。对于实体产品，尤其是快消品，很难使一个产品覆盖用户全生命周期，因此打造产品矩阵就显得尤为重要。

按照经典思维，生产一个产品或推出一项服务，是要瞄准目标消费者的。例如，按照收入划分不同的用户群体，根据不同收入群体，对应不同的产品。又例如，针对不同岗位群体或地域推出不同产品。这样的划分对于产品定位来说过于简单、直接，有可能组成系列产品，但这样的产品组合却忽视了用户成长因素，容易导致产品之间相互割裂，无法协同与配合，也就无法形成产品矩阵。

因此，要打造符合用户成长的产品矩阵，需要真正"以用户为中心"，这是一个系统性工程，需要具备全局思维；这也是一个相对复杂的过程，前期要判断，中期要监测，后期要评估。

产品矩阵需要匹配社会环境发展趋势，明确产品和服务的定位。以全局视角去判断社会趋势的发展方向与周期，例如，哪些社会趋势是长期趋势，哪些是短期趋势，哪些是整体趋势，哪些是局部趋势等。由此，需要建立一套敏锐的趋势观察机制，及时捕捉社会环境的变化，这样才能更快地推出符合用户成长的产品矩阵。

产品矩阵还需要了解用户成长的不同阶段，根据不同阶段的需求去设计相应的产品和服务。例如，在用户工作阶段，提供产品和服务以满足用户价值生产的需求。

伴随自身成长，用户对产品和服务的需求基本可以划分为以下 4 个阶段。

在第一阶段，用户的需求主要集中在解决某些问题，这需要一些基础的技能和知识。在这一阶段可以推出一些辅助学习的 App，例如各种知识问答类 App 及一些支持个人独立的工具 App。

进入第二阶段，用户的需求主要集中在构建解决方案上，同时，还要处理更复杂的问题，企业需要提供更加高质量的产品和服务。在这一阶段，可以推出各类垂直领域的工具 App。

到了第三阶段，用户的需求更为多样化，需要带来比基础和细节改进更高层次的创新，例如智能硬件、基于社交数据的产品等。应该在原有产品功能的基础上不断拓展新的模块，为用户提供更好的与生活有关的服务。

在第四阶段，用户对现有产品线的需求已经比较稳定，此时可以在产品矩阵中加入一些基于需求的升级服务。同时，结合用户的真实反馈进一步优化产品体验，提升用户满意度。例如，在原有功能的基础上，增加私人定制化功能、增强品牌形象等。

打造符合用户成长的产品矩阵是一项多方面的任务，需要一定的市场分析和用户观察技能，还需要在技术上根据用户成长阶段不断优化。一旦推出产品矩阵，需要随时关注市场和用户的需求变化，了解产品矩阵中各阶段的短板和问题，并根据情况及时调整和更新产品矩阵。

Tips：

- 用户成长，既包括用户在某个领域从"小白"到专家的成长过程，也包括用户随着经验的增加而形成判断和偏好的成长变化。不管是哪个方面的成长，都需要一个时间周期来完成。
- 产品和服务已经不再面向用户的单一的即时需求，更需要面向这样的周期，陪伴用户成长。如果一个产品能够覆盖某个周期，那就可以直接使用这个产品，否则需要建立产品矩阵，来完成对用户成长的陪伴。

第四章

价值生产下经济社会的商业模式构成

商业模式并不是一个新颖的词汇。商业模式是从人类社会建立之初就已经存在的概念，以物易物也许就是商业最早的存在模式。所以，如果你想要创建一家企业，而不是仅一次成功的生意或投资，就一定需要一个有最终目标、可持续性的商业模式。因为只有确立了目标，你才能够制定出清晰明确的发展路线。"投机"也许可以当作一时的手段，却绝不能作为长期的战略目标。

无论何种商业模式，它的起点一定来自用户的痛点，来自一种未被发现或未被满足的需求。在商业领域内，较为常见的有 B2B、B2C、C2C 三大商业模式。

——曾鸣

> 曾鸣老师的《智能商业》对当前的商业模式有极深的分析。放入 D=VIC 和 PCP 模型中，可以看到，价值流不仅推动着经济社会的发展，在实现价值流的过程中，自然而然形成了商业模式。

从价值消费方的角度看，其需求的本质是通过低成本，获取能够达成预期目标的工具或手段，以实现或提升自身价值。这也恰恰是产品和服务所承载的企业需要提供的价值。当两者价值相匹配时，价值转移就出现了。

在价值转移的过程中，对于组织或企业而言，会逐渐形成商业模式。于是，组织或企业的商业模式是"描述了企业如何创造价值、传递价值和获取价值的基本原理"。

随着应用技术的爆发，创新的商业模式不断涌现。各种各样的创新，都是在"创造—传递—获取"的范围内，不断提升整体效率，或在某一个节点上提升效率。

在创造价值上，使用通用工具型平台（例如芯片、云计算等），社会资源利用率提升，例如共筹经济、共享经济、创作者经济等。

在传递价值上，线上与线下融合速度加快，虚拟与现实深度绑定，例如线上线下商务（Online to Offline，O2O）、行业平台型商业（Online Merge Offline，OMO）、区块链经济等。

在获取价值上，更加灵活的价值组合实现更加方便的价值筛选，例如付费订阅模式、联合会员模式等。

不管什么样的商业模式，不管称呼如何改变，其本质都是从生产价值到消费价值，形成价值流动。在B2C中，是组织或企业创造价值，提供新价值生产工具（产品和服务）；用户/消费者消费价值，满足自身需求，使用产品和服务进行新价值创造。同理，在B2B、C2C中也存在这样的价值流动，"2"就是价值的流向。

其中，B2B主要面向价值生产，因价值生产分工的专业化而生成实物产品的"原材料—再加工—零配件—集成为成品"，信息产品的"采—编—存—传—播"，每个节点都存在B2B模式。

C2C主要面向价值消费，是价值的重新匹配，总体上很少产生新的价值。

在价值流动与交换中，B2C 成为最重要的模式。这个模式牵引着 B2B 和 C2C 的方向，在这个过程中，每个节点上都有机会生成平台，以提升价值流转速度。从这个角度上讲，平台属于特殊的组织或企业。只不过在所有的商业模式中，B2C 中形成的平台的价值更显著，而 B2B 中的平台推进缓慢，C2C 中的平台的商业价值又不太显著。

以 B2C 为主的 PCP 模型中，用户所获取的价值由两个渠道提供，一部分是由组织或企业提供的，另一部分是由平台提供的。组织或企业提供的价值主要为满足用户需求，平台提供的价值主要围绕如何使用户更好地获取 B 的价值而展开。因此，组织或企业提供的价值是用户需求满足的核心，平台提供的价值是组织或企业所提供价值的效率倍增器。

B2B、B2C、C2C、C2B 等在商业型平台上为用户提供价值的效率更高。由于用户是价值消费的核心，围绕价值消费，组织或企业主导了价值生产，平台主导了价值交换 / 传递。于是，商业模式更多是由组织 / 企业和平台来主导实现的，因两者目标不同，产生的商业模式有所差异，只有组织 / 企业和平台相互作用，才得以推动价值更高效地流动。

1. B 是谁

在互联网世界里，一款新生的互联网产品，其最小可行产品（Minimum Viable Product，MVP）通常以工具形式出现，即该产品直接服务于价值消费方——用户/消费者或有需求的组织或企业。

以 B2C 为例，当用户的规模足够大，使产品跨过罗杰斯曲线中 16% 的分界线时，该产品要么依旧保持工具属性，逐渐做到极致与领先，并通过工具属性开始收费，形成直接服务于用户/消费者的商业模式；要么向商业型平台的方向发展，加强连接能力，最终实现平台经济模式。

在技术开源时代，技术的差异化极难实现，并且过程中的风险也极高，第一条路径必然难走，第二条路径看起来容易，却存在组织或企业是谁、要连接哪些组织或企业等问题。

企业的本质是旨在通过商业往来、贸易活动和合作关系来实现经济效益。因此，企业的核心思想是商业交易，即双方或多方之间通过一定的方式建立联系，并通过经济利益或其他利益关系来体现合作关系的稳定性。

由此可以看出，商业活动中不仅有企业，还有个体经营者及其形成的组织，例如个体商户、工作室、专业人士、应用开发者和自由职业者等，这个群体通常被称为小企业。

对于商业型平台而言，大企业产生的价值更为显著，但数量不多，众多的小企业才是商业型平台稳定发展的根基。

在商业活动里，所谓企业无须多言，企业组织不仅规模大，而且内部分工明确。但个体经营者又如何定义和明确企业呢？

小企业群体通常由个体经营者转化而来。当个体经营者通过使用工具，其生产出的价值进行自我消费，或无偿被其他人使用时，价值在组织中循环，个体经营者依旧是个体经营者。然而，当个体经营者产生的价值开始通过交换进行变现，那么个体经营者就转变成为小企业。这就如同农民生产粮食，如果只是自己消费，不会有商业模式出现；当拿出剩余粮食进行交换时，即使是以物易物，也会形成商业模式，从而使自己转变为价值提供方。

现实中，很多现象或事实也能看到从个体经营者到小企业的转化，从小企业到大企业的成长。

短视频应用最开始是一个视频拍摄和展示的平台。有的平台以拍摄为主，为用户留存自己喜欢的视频内容，建立社交网络，在社交网络中传播；有的平台以展示为主，吸引用户不断刷屏，获取用户时长。

这时，不管在什么平台上，用户都是终端。随着产品深入发展和迭代后，两类平台殊途同归。部分拍摄短视频的用户开始以满足用户的观看需求的视频内容获取用户流量——KOL 或博主开始出现，并以此开始商业化转变，而平台也开始提供专业的视频编辑产品，服务于这类用户。

回到企业的发展上，采用全新商业模式的新兴产业正在挑战传统产业，其形成的商业模式不仅延伸到传统产业，也通过赋能的方式，将传统产业紧紧绑在自己的发展快车上。

这种重塑既不是对创新的视而不见，也不是将传统思维用新的概念进行包装。重塑是在对价值流的认知上，对传统思维的颠覆。

举个例子，智能手机天然就是商业型平台，连接着开发者与用户。当智能手机厂商为了更多的销售额和市场份额，将注意力只放在个人用户身上时，智能手机与功能手机的商业模式并没有太大区别，供应链和渠道是厂商手中最有力的武器，自然也就放弃了以连接为主的平台地位，并将此地位拱手让给附着于手机的系统或应用。

当然，如果智能手机厂商能够在产品技术上建立足够深、足够宽的"护城河"的话，始终引领行业发展，选择成为只向用户提供价值的路径，也未尝不可。只不过，平台所建立的新商业模式，必然会对传统商业模式发起冲击，只服务于用户的智能手机厂商也要跟随新的商业模式做出改变。

推而广之，当产品向智能化迈进时，必定给传统工业产品带来挑战，例如新能源汽车挑战燃油汽车的领导地位。随着技术的进步和市场需求的变化，智能化产品会成为传统工业产品的替代品。

Tips：

- 企业的本质是商业行为和业务关系。只要在价值流动的过程中存在成本交换，那么就属于企业的范畴，即使是个人有这样的行为，也可以算作一种企业。

- 企业生成的商业模式与其在 PCP 模型中的定位息息相关，企业的定位不仅影响到其所生产的价值，以及价值流向，同时也深深影响着其产品和服务的定位。

2.B 的定位决定了价值生产方式

在创新价值爆发的今天，组织或企业在经济社会中扮演的角色与承担的责任也发生了变化。面对不断变化的环境，曾鸣老师在《智能商业》中，提出对组织或企业的新定位方法：点—线—面—体。站在巨人的肩膀上，我尝试着将点—线—面—体方法，放入 PCP 模型里，以探索不同的组织或企业需要在价值流转过程中发挥的作用。

在点—线—面—体方法中，面是指平台或生态型企业；点是存在于面上，借助面的能力，向线提供价值（例如运营、物流、素材创作等）的角色，与面共生共荣；线是服务于最终用户的品牌，直接向消费者提供产品和服务；点—线—面三者共生，共同发展，推动面的扩张，从而衍生出其他面，最终形成体。

由此可见，线才是 B2C 或 C2B 中的企业，创造和生产用户所需的价值；点服务于线，使线产生更高的价值势能，或提升价值流动效率；面承担着连接的职责，赋能于点，服务于线。因此，点与面相辅相成，相互成就，而线根据自身所需，帮助自我价值实现及产生更多的价值消费，可以找到并附着在更多的面。

点—线—面在 PCP 模型中的定位如图 4-1 所示。

点依托于面，服务于线，拉升了线所产生的价值势能；面向点和线赋能，推动价值流的实现。

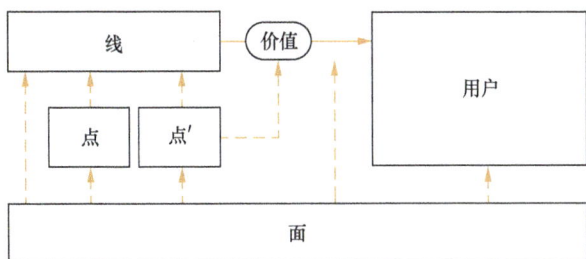

图 4-1 "点—线—面"在 PCP 模型中的定位

在短视频平台上，线是内容创作者，会使用到很多视频特效与工具，这些特效或工具由点来提供，作为面的平台，不仅需要帮助内容创作者生产更多高质量的视频，也需要维护点群体的规范和有效。

更重要的是，平台需要通过各种手段（例如推荐算法）来保障这些视频能够触及合适的用户。在 PCP 模型中，点—线—面的不同定位，预示着它们只能在相同定位的领域内竞争。

为了使自身产生更大的价值，获取更大的竞争优势，在资源允许的情况下，点和线会尝试上下突破，进入其他领域。

随着点服务越来越多的线，有变成面的可能。线为了降低成本，也会在自身内部孵化点的能力，并赋能给其他线，从而实现一些面的能力。而对于面来说，有可能会直接进入点的领域，或者生成线的业务，更大的可能是加强点的建设，连接更多的线，从而进入其他面。当这些情况发生时，跨界竞争就出现了。

在这个巨变的时代，网络生活和数字空间成为必需，智能化成为产品和服务转型和进阶的必经之路。点—线—面的划分与定位适用于大多数情况，并且，智能化程度越深，适用程度越高。

手机是典型的智能化产品。在这样的智能化产品上，PCP模型的各种定位极为分明。操作系统（Operating System，OS）作为面支撑着各种以应用为主的线，为用户带来各种各样的价值，而在面上又有极多开发者作为点为应用提供各种各样的服务。在 OS 之下，硬件成为承载体，支撑着 OS 的顺畅运行。用户体验实际上是用户使用基于 OS 上的应用的体验。

基于此逻辑，智能手机厂商对自身的不同定位，导致商业模式与发展方向的不同。如果定位为承载体，那么硬件壁垒的打造就极为重要，需要支撑 OS 更为顺畅，以提升用户体验。在此路径下，主要考虑智能手机的流畅性、低功耗、续航能力等，对商业的支撑主要是出货量，以及附加在手机上的应用分发。

此时，智能手机厂商与应用开发者之间隔着 OS，围绕 OS 生成合作关系，若智能手机厂商开发新形态，则需要开发者配合以提升用户体验，例如应用对折叠屏的适配。但此时开发者也需要考虑投入产出问题，是否配合、什么时间配合，都需要衡量。进而，开发者规模不上量、进度步调不一致，都会影响新形态手机的市场占有率。

智能手机厂商的第二条路径在于软硬件一体，即 OS 与硬件一体，硬件支撑 OS 的流畅性，OS 服务于硬件新形态。此时，OS 之上需要培育各种"点"，即不管是自己开发还是别人开发的各种工具，以服务于开发者。

开发者利用点的能力，可以快速低成本地开发各种应用，以服务于用户。在这样的分布上，平台和企业不仅是相互支撑的关系，也存在潜在竞争的可能性。代表线的应用会进入 OS，进而打造符合 OS 的硬件。而 OS 也会在适当情况下进入应用领域，例如苹果公司在大多情况下，每推出新的成套工具，都会先让开发者使用，待市场成熟后，再自研功能，与前者竞争。安卓与苹果的 PCP 模型比较如图 4-2 所示。

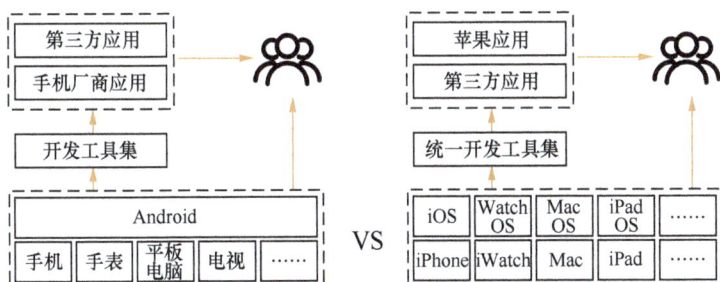

图 4-2　安卓与苹果的 PCP 模型比较

在智能化时代，上述两条路径也适用于其他智能设备，这也是"软件定义一切"的重要原因。当脱离硬件和系统的制约，即在 OS 之上，进入以信息为主的领域，信息推动着产品和服务的发展。在这个领域，PCP 模型的划分更为明显。平台经济是指在这个领域中商业型平台所起到的作用，即高效连接供给与需求。

在计算机时代，商业型平台初露峥嵘，以连接纯信息为主，在五大门户之外，音视频网站/软件层出不穷，但均以聚合为主要特征。

进入移动互联网时代，连接的对象从纯信息延伸至产品和服务的信息，同时平台通过技术向后台转移，对价值生产者的前端使用越来越友好，聚集价值生产者的群体规模呈指数级扩大，类型也快速增加，在移动网络上的价值越来越凸显。

这些信息遵循着采—编—存—传—播的路径流转，在流转的过程中不断增加价值。

在采集节点上，主要在于有价值的信息生成，不管是纯信息的生成与创作（文章、音频、视频等）、事件（娱乐行为、突发事件或环境事件）的记录，还是实体产品和服务的描述与数字化展示。当信息生成后，需要对信息进行编解码工作，以便提高数据处理和传输的效率、实现数据分析、保护信息安全等方面的能力。在存储的节点上，云边端相互协同，通过云服务、云存储、大数据及各种端侧的软硬件介质来存储、计算和管理信息。传输建立了信息流动的通道，起到重要的连接作用。播放涉及各种终端和应用，在传输的支持下，信息通过解码进行展示。

在 PCP 模型中，采通常以线的形式存在，主要承担价值生产的作用，尤其在自媒体时代，采的个性化更为突出，也有了更多表现，例如专业/娱乐/知识等；编—存—传—播更容易形成平台，在平台上的播实现了信息消费，编—存—传更多是通过后端技术来实现；在信息流转的每一个节点上，都会由不同的点进行支撑。

于是，不同定位带来的竞争范围不同，对于平台而言，平台的核心方向不同，也会产生不同的模式。例如，电信运营商聚焦在传，向存和编延伸，又通过对行业资源的聚合，涉及播的领域。而对于某些视频应用而言，立足于播，通过工具打造，扩展到采的领域，并进一步延伸到存的领域。

智能化，意味着信息与硬件的相互结合，并逐渐形成硬件通用化、软件体验差异化的趋势。在此过程中，软件与应用更容易形成商业型平台，硬件只会成为这个商业型平台的"护城河"，加入硬件会使竞争门槛提升，或成为生于该平台之上的线。

PCP 模型上会产生嵌套，在某一领域的商业型平台，反而是更大的商业型平台上的线。同时，各种角色不断基于价值的延伸而变换。于是，竞争也变得更为不确定。在这样的环境下，只有明确了价值，才能找到真正的竞争对手。

Tips：

- 对于组织或企业而言，在 PCP 模型中寻找到合适的定位至关重要。直接服务于用户，属于线，需要借助点和面的技术能力与用户规模；服务于组织或企业的类型，属于点，不直接服务于用户，但需要与面深度绑定；对面而言，不仅需要支撑点和线的价值生产，也需要支撑用户的价值获取，更重要的是需要实现价值流转，并不断提升流转速度。

- 只有在 PCP 模型中明确现实定位，才能判断未来可能的延伸方向，为未来定位做好积累和储备。

3. 此平台非彼平台，此生态也非彼生态

从全球来看，2020 年至 2022 年，十大平台企业营收的年均复合增长率达 18.4%，毛利润的年均复合增长率达 19.3%。

平台经济如此强大，然而市场上有很多冠以"平台"之名的描述，导致很多人对于"平台"的定义和划分是很模糊的。在我看来，按照服务对象和服务本质的不同，平台可以分为两种：一种是工具型平台，面向一类群体提供工具和服务，用户可以通过使用该平台创造更大的价值；另一种是商业型平台，面向多类群体，以实现连接，加大价值流动效率。

对于工具型平台，大多是提供通用型能力，或者以通用型能力为基础，开展差异化服务。例如，芯片之于手机，云平台之于企业客户。工具型平台的核心竞争力在于技术，追求服务的客户规模，并以规模反哺技术，不断提升技术门槛，形成正向循环，从而形成竞争实力。工具型平台的主要目的是提供生产力工具，解决如何帮助用户优化、实现价值生产的问题，包括解决用户组织内部的问题，也包括赋能用户所生产的产品。例如，企业内部自生的平台即服务（Platform as a Service，PaaS）平台，支撑企业内部业务部门，为业务部门提供支援。

商业型平台完全不同于工具型平台。吴敬琏曾说，"平台企业为了实现经济利益最大化，需要尽可能地扩大参与者群体。因此，它们往往致力于更多的上下游开发，希望更多的用户参

与并建立双方都可互动的商业模式，从而将更多的用户、社区集中起来。"

这句话说明了商业型平台的价值和作用。在 PCP 模型中，平台专指商业型平台。此类型平台的核心在于产生连接，围绕连接生成一系列的服务目标，例如提升价值生产能力、提升价值流转效率、提升价值获取效率等。因此，连接的群体类型越多，连接的节点规模越大，平台越稳定。反之，只要有一方有所流失，那么连接都会面临失控的风险。

在商业型平台的成长周期里，每个阶段都面临挑战：在导入期，面临"先有鸡还是先有蛋"的问题；在成长期，面临"连接规模扩大"的问题；在成熟期，面临"连接类型增加"的问题；在衰退期，面临"连接方逃逸"的问题。

随着平台经济的蓬勃发展，越来越多的企业希望转型成为一个商业型平台。然而，大多数企业在产品导入期就失败了。为什么会这样呢？

首先，对于平台的理解会影响整个产品的定位与发展思路，如果起初就没有明确平台要连接的对象，以及各对象需要获取的价值和付出的成本，那么这样的平台产品大概率不会通过产品导入期。

其次，要破解"先有鸡还是先有蛋"的问题，平台需要投入资源，先大力聚集起一方，不管是价值生产方还是价值消费方。在连接形成之前，投入的资源只会以成本的形式体现，而这点是需要企业接受的。

最后，随着平台向各连接主体提供越来越多的服务，技术门槛随之上升，开源技术已经不足以支撑平台生成，自研技术越来越多，商业型平台再也不是"轻资产"项目了。而这也是初创平台型产品越来越少出现的原因。

如果初创平台型产品有幸进入成长期，那么就会面临创新扩散中 16% 的分界线，在这个鸿沟之前，基本较难实现稳定的商业化，即使有商业模式，产生的收益也难以覆盖前期投入的成本。只有进入产品成熟期，商业模式才会稳定下来并有所拓展。

在成熟期，平台需要考虑如何连接更多有效的价值生产方，寻找平台的第二条增长曲线。此时风险最大的是对价值生产方的选择失误，以及对即将面临的投入和竞争判断失误。

一般而言，选择其他价值生产方的基础是原有连接的自然扩展（增强原有连接），或已投入资源的复用（技术服务外溢）。平台进入成熟期，商业模式也将固定。

从本质上讲，获取价值一方需要付出成本，平台的收益来自获取价值大的一方。商家希望多卖产品，那么就要去购买平台的流量，不管是广告位还是竞价，用户希望提早看到新的视频，就需要成为会员。稀缺性始终是盈利的根本。

当商业型平台进入衰退期，只能说明有其他平台满足了连接对象的需求，当前的连接对象开始退出或准备退出，例如使用时长下降，并最终形成恶性循环。此时需要投入资源，连接更多角色进入，或增强连接对象的黏性。

当有了价值生产和交换，工具型平台和商业型平台就形成了。只不过，随着技术的发展，平台的重要作用越来越凸显，并且在逐渐主导价值生产和交换的时候，开始受到社会的关注。

从前的金属冶炼与现在的芯片制造在核心目的上没有太大的区别，都是价值生产的工具，说它们是工具型平台也是可以的。古代的集市、现代的商超、移动时代的电商都是在做连接，具备商业型平台的特征。

不同点在于，为使自己的用户感受到更加高效和便捷的服务，工具型平台和商业型平台的应用技术越来越多地承接了用户自有的通用职责，为用户提供更大价值的服务，从而推动用户做出更优的价值生产。

另外，由于信息技术的发展，商业模式发生了根本性变化，尤其在商业型平台中，竞争不再是割裂的，已经发展成生态之间的竞争。工具型平台和商业型平台都会建立自身的生态，但此生态非彼生态。

工具型平台更像是一片草场，种植植物，以供植食性动物获取能量。因此，工具型平台处于线性产业链中，与用户形成上下游关系。不断以自己的实力扩充草场上的植物种类，类似通过技术打造更多类型的平台，以这些植物种类吸引更多种类的植食性动物，从而服务于更多类型的用户。

商业型平台更像是草原生态，平台如同太阳和大地，其上有草场、植食性动物、肉食性动物，形成动态生物链，能量在三者中循环，并发展得更为生机勃勃——植物开始分科目，动物开始分类属。从这个角度看，商业型平台更容易建立生态，不仅支撑着价值生产、价值消费、价值交换，还在不断扩充价值生产和消费的种类，最终实现生态繁荣。

我们还是以 ICT 行业为例来说明不同的平台思路是如何影响生态建立的。

与芯片制造厂商（例如高通、联发科）的工具型平台（芯片）相比，苹果是一个商业型平台和生态体系。姑且不谈苹果在硬件上逐步替换成自产，OS 又可以自我把控，苹果对开发者的获取和维护足以使其成长为一家生态级企业。

在此思路影响下，苹果的各类产品之间可以顺畅连接、跨屏互动，同一应用在每一块屏上的展现均与屏融合。系统提供的工具集，开放给工具开发者、内容开发者、信息开发者，以便让他们生成更多优秀应用。用户作为最终价值消费方，在产品上通过统一账号使用应用，生成了自我的数据资产，形成了价值流转闭环。因此，只要适应苹果生态的用户，就很难离开这个生态。

两种不同的平台思路，可能与现代商业型平台诞生于西方不无关系。在苹果手机之前，Wintel 联盟在个人计算机上已经跑通了商业型平台的商业逻辑，这不仅影响了互联网应用的发展逻辑，也影响了电子产品的发展。国内互联网厂商深受商业型平台发展逻辑的影响，并实现了超越。"超级应用"的出现也开始在国内硬件厂商身上显现。对供应链的管理成为基础，不再是差异化优势；对生态的理解也不再是"手机 + 物联网"，自研系统成为必须攻克的制高点；从硬件之间的连接，转向硬件连接之上的价值流动。2023 年国产芯片的突围、设计软件、数据库软件的研发，让我们看到国产工具型平台崛起。从单纯的硬件生产，到软硬件垂直整合；从软件服务于硬件，到软件定义一切，再到围绕软件建立生态……基于硬件的商业型平台初露端倪。

不管什么样的平台类型和生态构建路径，核心依旧是生产价值，并将价值提供给有需求的一方或多方，从而推动经济社会进步。

从价值生产到价值交换再到价值消费，整个流程不仅在经济社会发展中占据主导位置，还确定了经济社会中各角色的位置，以及承担的职责。为了推动这个流程，企业内部也在价值与成本的双重作用下，不断进行着自身商业模式的创新升级。

Tips：

- 平台思路决定平台类型，不同的平台类型会形成不同的生态类型。因此，明确思路与实现路径更为重要，思路的不清晰、思路和路径的矛盾已经制约了平台的发展。

- 工具型平台更像一家线公司，其竞争基础在于技术的领先性，需要构建技术的"护城河"，投入更大的成本以提升技术，提高行业准入门槛，来推动适合自己的生态形成。而对于商业型平台，面和体的特征极为明显，其竞争基础在于连接规模，相较于工具型平台，技术成本偏低，但业务逻辑更为复杂，需要更高的成本以支撑业务发展。

- 不管工具型平台还是商业型平台，最终的竞争是生态竞争。即使工具型平台，也只有在价值消费规模足够大时，才有更多资源进行技术的迭代升级，从而实现可推动发展的正向循环。

第五章

企业推动以价值为根的商业模式创新

商业模式创新不是什么新鲜事物。当大来卡公司（Diners Club）创始人在 1950 年推出信用卡的时候，他们就已经在实践商业模式创新了。同样，施乐公司（Xerox）在 1959 年推出了复印机租赁和按复印量支付的时候，已经在创新商业模式了。事实上，我们可以一直沿着商业模式创新的足迹追溯到 15 世纪，约翰内斯·古登堡（Johannes Gutenberg）在发明印刷机械设备后提交专利申请时，就有了商业模式创新。

然而近年来创新的商业模式在规模和速度上对当今行业格局的改变是前所未有的。现在是企业家、高管、顾问和学者了解这个非同寻常的改变所产生影响的时候了，也是他们该理解和系统地解决商业模式创新所面临挑战的时候了。

——亚历山大·奥斯特瓦德和伊夫·皮尼厄

> 《商业模式新生代》中，首次提出了商业画布模型，以归纳企业新的商业模式。当我们把这个模型放入 D=VI C 中，就会发现，商业画布中的各个板块由价值和成本串联起来了。

经济社会中商业模式的整体发展，主要由企业自身商业模式形成的业务发展来决定。企业的商业模式和其业务发展相辅相成：商业模式清晰，则业务发展顺利；业务发展顺利，又影响其商业模式的创新迭代。反之，商业模式混乱，则业务发展也会受阻，甚至出现已有业务萎缩或新业务"夭折"，进而使商业模式更加模糊。我们在无数的案例中可以看到，不管是大型企业，还是中型企业，新业务因发展不畅而被砍的风险始终存在，更不用说创新创业型企业的成长极为坎坷了。

使用商业画布模型分析创新项目或创新企业，可以看出，新项目风险常常存在于画布中九大模块的关联和协同。问题也许存在于表象，即产品与渠道错位，或者产品和用户未能形成稳固关系；也许存在于后部支撑，资源不足以支撑产品和服务；也许存在于根本，即企业或业务需要提供的价值并不清晰，以至于产品和服务定位出现错误，进而对价值的承载不力。商业模式画布九大模块如图 5-1 所示。

图 5-1 商业模式画布九大模块

本质问题在于，当投入产出比极低，且看不到项目盈利希望时，新项目"夭折"的可能性剧增。

新项目如此，当九大模块联动不畅、协同出现问题时，已有的稳定业务也同样存在萎缩的可能。例如，需要传递的价值发生变化或受到冲击、用户关系变弱、渠道失去活力等，面临各种不确定性，风险变大。

虽然商业模式画布涵盖了企业/业务发展的关键要素，且以价值为核心，划分出前端与后端，但模块之间的关系体现不易：价值主张无法直接通过渠道触达用户，只能通过业务或产品和服务进行承载，才能被用户感知，并与用户在产品和服务上建立关系。

为了更好地体现商业模式画布中各模块之间的关系，在这里尝试结合 $D=V/C$ 模型，用画布模型对企业的商业运转进行梳理。企业的商业运转如图 5-2 所示。

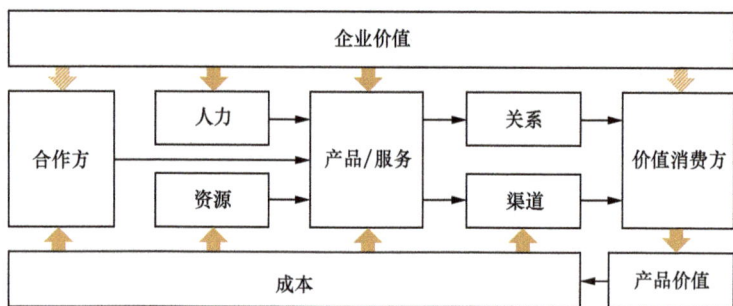

图 5-2　企业的商业运转

整体而言，企业的商业运转围绕价值消费方展开，受限于企业所确定的价值和成本的付出。

企业所能提供的价值，需要与价值消费方相匹配，并向后传递到合作方，进而找到/使用合适的资源，让企业内部组织和员工明确，并由创造/生产出的产品和服务承载，以转化为产品价值。

承载了企业价值的产品和服务通过渠道触达价值消费方，以满足价值消费的需求，并基于产品和服务，与价值消费方实现关系的建立。价值消费方为获取产品和服务，所支出的成本成为产品价值的具象表现。同时，产品价值的部分（这部分价值以企业收益作为体现，另一部分是带给用户的使用价值）转化为成本，不仅支撑合作的形成、资源有效分配与协同，也支撑产品和服务的生产、渠道和用户关系的建立。

如果我们离开价值和成本两层，只看运转图（图5-2）的中部。可以看到，技术和经济环境推动着企业的商业运转。

当企业与用户接触的方式稳定时，渠道掌握着产品和服务与用户的连接，因此有了渠道为王的说法。当与用户的接触方式增加，产品和服务就需要通过运营来维护用户关系，以增强用户黏性。维护用户关系的根本在于不断地生产产品和创新服务，当能够满足用户低成本获取更高价值的产品和服务出现（满足用户 V/C 的提升，帮助用户不断发展）时，也就会产生直接面对价值消费方的营销模式。因此，在创新中，产品和服务才是基础。而要夯实这个基础，在于搭配更合理的资源，构建更合适的团队，以及筛选更准确的合作。

因此，对于企业而言，需要围绕价值与成本，在不同的阶段，找出推动商业运转的关键模块。其中，不同阶段的判断、设定与规划，成为企业战略规划的主要内容；而对关键模块的筛选与目标确定，以及落地执行，成为业务流程规划的主要内容。

1. 价值与成本：发展的灯塔

从 $D=V/C$ 中可以看出，企业的商业运转受到价值和成本的驱动，且两者相辅相成。可以说，企业的运转围绕价值生成展开，而价值的生成必然会产生成本，于是，成本支撑了价值的实现。因此，围绕价值，提升价值、控制成本，使 V/C 的比值变大，成为企业追逐的目标。

要判断和确定企业价值，则需要回答以下问题：对外——企业为谁提供价值（Who）？为什么要提供这些价值（Why）？提供什么价值（What）？如何提供价值（How）？即围绕 Who，明确 Why 和 What，进而找到 How 的路径。对内——企业当前拥有哪些资源？这些资源能够提供哪些价值？对外的合作方是否有助于提供这些价值？组织和人力是否可以支撑这些价值的实现（即团队是否有能力生产这些价值）？由"外"牵引"内"，当两者相互匹配，或对"内"通过延伸（而非新建）实现对"外"的要求，进而明确企业价值。

对内的问题较好解决，对外的问题则需要根据实际情况进行判断。

Who + Why：在此需要明确价值消费方的范围，例如单个群体、多个群体或多个关联群体，明确价值消费方的价值需求原因是描述价值需求的基础。

而在信息时代，随着不同群体对价值认知的差异化，明确价值需求原因的重要性明显要高过确定目标群体。价值需求原因是进入市场的机会点，只有明确价值需求原因后，才能按图索骥地找到需求群体。

明确价值需求原因，主要需要回答价值消费的目标、动机、当前面临的问题等。而核心目标群体对所面临的问题更加敏感，也可以通过敏感度对目标群体进行分类。

同时，也需要考虑企业的内部情况，根据自身情况，找到提供价值的原因。寻找为谁提供价值和为什么提供价值，这是在寻找谁会遇到什么问题。对这个问题描述得越清晰，论证得越充分，则对于要提供什么价值的牵引性越强。

What：“提供什么价值”，是对所要提供价值的描述，这个描述需要清晰地定义。

首先要根据价值需求原因，找到价值需求的锚点，最终会聚焦在回答降低群体什么样的成本，提升什么样的效率，带来什么样的价值等问题。

其次需要使用术语和定义来描述，例如性能、功能、安全等，避免使用含糊不清的语言。为了更好地描述需求，可以通过描述具体的场景来明确需求的具体内容，例如在何种情况下需要某种产品和服务，需要达到何种效果等。需要注意的是，场景只是对价值需求描述的理解辅助，而不是需要打造这样的场景。

明确提供什么价值，其实是在明确解决目标群体面临问题的方法。由于问题解决方案多种多样，所提供的价值可以是问题的某种整体解决方案，也可以是某一个解决方案中的一个环节，这需要根据企业所擅长的方向来确认。

How：如何提供价值是提供价值的方式和手段。主要通过提高产品和服务质量、提供个性化的服务、建立良好的品牌形象等方式来实现。

在回答如何提供价值时，还需要指定提供价值的目的和目标，例如满足用户的需求、提高产品和服务的竞争力等。

提高产品和服务质量不仅涉及产品和服务的架构、升级与迭代，还包括产品和服务体验的提升（例如良好的用户界面、快捷的操作流程、高效的服务响应等），也涉及团队对所要提供价值的认知。提供个性化的服务涉及用户关系的建立、用户的运营管理。建立良好的品牌形象涉及产品和服务的渠道建设。

明确如何提供价值，其实是在明确实现目标群体问题解决方案的目标与路径。

当清楚企业需要提供什么样的价值后，企业就需要制定成本分配策略，执行成本分配，建立管理机制和控制成本支出，整个流程围绕价值展开，从而使价值生产出来、交换出去。

根据公司所提供的价值，成本分配需要综合考虑既定的产品和服务、形成的核心业务、需要打造的竞争优势、未来获取的市场地位等因素，以产品和服务需要形成的特点，并根据价值提供的目标和路径，建立成本管理机制，在价值生产过程中控制成本支出，最终让企业在保持竞争力的同时实现价值的最大化。

Tips：

- 价值的确认需要解决"Who""Why""What""How"的问题。这 4 个问题层层递进，形成目标和路径。
- 成本围绕价值展开，根据提供价值的目标和路径进行分配。

- 价值牵引了产品和服务、资源投入、团队优化、渠道建立、用户关系维护等环节，而成本支撑了这些环节的实现。

2. 产品和服务：价值的具象

产品和服务是企业价值的承载，能够匹配用户的价值需求，是企业收益的来源。因此，产品和服务需要围绕企业价值目标进行设计、开发与生产，能够如实反映企业希望提供的价值。

产品是有形的，可以通过视觉、听觉、嗅觉、触觉等感官体验来感知。服务是帮助用户完成特定任务或解决问题的过程。服务可以作为产品的延伸，承载在产品上。因此，产品的价值提升需要以技术创新来推动，而服务的价值提升需要选择合适的产品作为工具，以商业创新来推动。

产品和服务不仅承载了企业需要提供的价值，也与企业的定位息息相关。基于线和点的产品和服务，目标对象是一类群体；基于面的产品和服务，目标对象则面对多个群体。

前者以满足单类群体的共性需求为主，工具性突出，产品和服务的生成逻辑与发展路径清晰简单，由于受众群体单一，产品和服务会根据群体类型增多或需求改变而变得多样，最终成为产品和服务族群。

后者需要满足的是多个群体连接的需求，平台性突出，产品和服务涉及领域会随着连接对象的增加而不断扩大，但产品和服务缺乏多样性，其发展路径有以下两条。

一是聚合价值消费方，以众多需求撬动供给，大多数互联网产品均遵循这条路径，例如短视频产品等。

二是聚合价值生产方，形成资源池，以资源池吸引价值消费，例如发展中的电商平台不断扩大 SKU 规模，但这条路径需要有强大的供应链管理能力。

不管是哪条发展路径，这个类型的产品和服务都将成为行业中的基础设施，从价值的精准匹配，到辅助价值生产，再到成为价值生产要素。产品发展路径示意如图 5-3 所示。

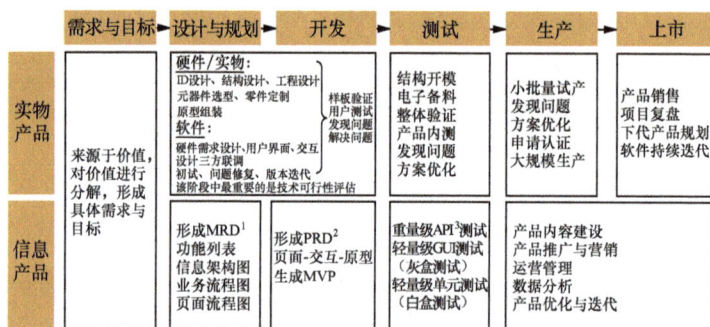

	需求与目标	设计与规划	开发	测试	生产	上市
实物产品	来源于价值，对价值进行分解，形成具体需求与目标	硬件/实物： ID设计、结构设计、工程设计 元器件选型、零件定制 原型组装 软件： 硬件需求设计、用户界面、交互设计三方联调 初试、问题修复、版本迭代 该阶段中最重要的是技术可行性评估	样板验证 用户测试 发现问题 解决问题	结构开模 电子备料 整体验证 产品内测 发现问题 方案优化	小批量试产 发现问题 方案优化 申请认证 大规模生产	产品销售 项目复盘 下代产品规划 软件持续迭代
信息产品		形成MRD[1] 功能列表 信息架构图 业务流程图 页面流程图	形成PRD[2] 页面-交互-原型 生成MVP	重量级API[3]测试 轻量级GUI测试 （灰盒测试） 轻量级单元测试 （白盒测试）	产品内容建设 产品推广与营销 运营管理 数据分析 产品优化与迭代	

注：1. MRD（Market Requirement Document，市场需求文档）。

2. PRD（Product Requirements Document，产品需求文档）。

3. API（Application Program Interface，应用程序接口）。

图 5-3　产品发展路径示意

由于服务围绕产品生成，因此产品是重中之重。

产品包括存在于现实世界中的实物产品和存在于虚拟世界中的信息产品。不管是实物产品，还是信息产品，其研发流程大体相同，只不过实物产品一旦上市就不能轻易改变，而信息产品必须在上市后进行快速迭代。因此，实物产品要么通过外观设计吸引用户购买，要么在用户使用的过程中，通过智能化不断提升产品的迭代能力。对于实物产品发展的第一条路径，每款产品外观的生命周期都不会太长，只有不断迭代，才能吸引用户复购。对于第二条路径，硬件模块化、软件差异化是必由之路，硬件模块化降低了产品的生产成本，而软件差异化能够增强用户黏性，使产品生命周期延长，进而提升用户的复购率。

无论是实物产品还是信息产品，关键在于产品的设计与规划，它是目标用户需求落地、产品承接需求的承上启下环节，也是产品开发或生产的方向指南。

其中，流程图与架构图是核心。所谓流程，必然有"开始/输入"和"结束/输出"，流程图是描述如何完成一项任务的一种图形化表达方式，一般包括业务流程图、功能流程图、页面流程图等。

业务流程图侧重于描述业务流程中的各个步骤和交互方式，以便更好地理解业务流程的来龙去脉，业务流程图与服务对象的需求紧密相关。

功能流程图描述了产品实现功能的方法，侧重于描述产品如何实现某种功能，通常用于表示产品的结构和功能之间的关系，每个功能都对应一个处理流程，这个处理流程说明功能是怎么工作的。

页面流程图描述了用户界面的功能显示在一个页面上的方法，以便企业更好地理解用户与产品之间的交互。

然而，只有流程并不能直接用于设计和研发。因此，在流程图背后，需要架构图的支持。架构图一般包括产品架构图、应用架构图、技术架构图、功能架构图、信息架构图等。

产品架构图面向公司层面，偏战略，考虑的是如何为用户提供价值，以及企业可以通过什么方式实现盈利。因此，产品架构图会涉及整个业务流程，并跟随战略的变化而不断演进。产品架构图的改变，往往意味着产品从维度上进行了大调整，无论是功能还是信息都会有大的变动。

应用架构图起到承上启下的作用，不仅承接业务架构的落地，而且会影响技术选型。

技术架构图以技术模型为核心，划分技术模块，并明确各模块之间关系，一般按层表示，其中包括应用程序层（通常分为多个子应用程序，每个子应用程序负责处理不同的用户请求）、数据访问层（负责从应用程序层接收数据并将其转换为计算机程序，分为数据库和消息队列）、表示层（负责将数据存储在服务器上，通常使用存储系统来存储数据）、设备接口层（负责与设备上的其他应用程序进行交互，包括网络接口和服务器接口）以及安全框架。

功能架构图面向研发人员，主要用脑图表示。从研发人员的视角看，产品是由很多功能组成的，为保障其稳定性，以及代码可复用性，每个功能部分应尽可能独立，减少外部依赖。因此，功能需要具备模块化、可插拔优势，方便更新和替换。

信息架构图面向设计人员，从交互设计的视角看，主要用表格表示产品，涵盖产品展示上会出现的所有信息——有些信息只是内容而非功能。因此，信息架构图需要从用户使用的角度出发，表达各种信息之间的相互关系。

✍ Tips：

- 产品和服务承载了企业需要生产的价值，其中，服务围绕产品生成，是产品的延伸。
- 产品和服务会根据企业在 PCP 模型中的定位，实现多样化或通用化。在线和点的定位下，产品和服务将会多样化发展；而在面的定位下，产品和服务将会通用化发展，并最终成为行业的基础设施。
- 在产品研发的过程中，产品规划既是已确定价值的具象表现，也是产品研发与生产的"指挥棒"。

3. 渠道建设：品牌的战场

渠道是产品和服务与价值消费方的连接通道，这个通道既是价值生产方与价值消费方的信息沟通和匹配场所，又是价值消费方接受价值（获取产品和服务）和支付成本的渠道，还是价值消费方反馈信息、价值生产方补充价值（例如售后和维修）的所在，因此渠道本身具有空间属性，不管是实体空间还是虚拟空间，它的重要性不言而喻。

渠道分为自有渠道和社会渠道。

自有渠道主要由企业自己拥有或运营，因此可以更充分地利用企业的资源和优势，包括人力、物力和财力。在自有渠道中，由企业制定各种策略，可以柔性地适应市场需求和消费者偏好，也可以更有效地控制价格和销售目标，因此，自有渠道对维护和管理客户关系而言，效果更优。然而高成本建立的自有渠道占据了极多的资源，也会面临更大的风险和挑战。

如果想降低渠道风险，最直接的是使用社会渠道。社会渠道的职责一般会由 PCP 模型中的平台担任，例如电商平台、内容平台等。不过，在社会渠道中，也存在着策略制定受约束、客户关系不稳定、产品价格／服务标准不统一等弊端。因此，建立渠道的方式，需要与企业的发展阶段相匹配，建立渠道的路径，需要围绕企业发展目标来规划与选择。

在渠道中，除了产品和服务，还有一个极为重要的要素——品牌。品牌只有在渠道中才能发挥价值。品牌与产品相辅相成，相互影响。品牌是产品的形象和标志，代表了产品的品质和价值。产品是品牌的载体，品牌通过产品来展示和传播。

当产品和服务强势或面临不激烈的竞争时，渠道会成为汇聚价值消费方的场所。但更多的产品和服务会因为产品影响力和竞争压力，需要围绕价值消费方建立渠道。因此，价值消费方的行为模式会成为渠道建设的主线。

不管是传统媒体时代的 AIDMA[1]，还是互联网时代的

1　AIDMA（针对消费者在购买商品前所发生的心理过程而提出的一种消费心理模式。由美国广告人 E.S.刘易斯 (提出。消费者先是注意商品及其广告，对哪种商品感兴趣，并产生出一种需求，最后是记忆及决定购买行动。主要程序：注意 (Attention)、兴趣 (Interest)、消费欲望 (Desire)、记忆 (Memory)、行动 (Action)）。

AISAS[1]，甚至移动互联时代的各种模型——SICAS[2]/ISMAS[3] 等，都匹配价值消费方"意识阶段—考虑阶段—决策阶段—购买阶段—后续阶段"这样的流程。

在这 5 个阶段中，信息先行，产品和服务跟进。前 3 个阶段以品牌与消费者互动为主，购买阶段以产品和服务为主，最后一个阶段以产品和服务为核心，进而形成品牌影响力。由于只有后两个阶段涉及产品和服务，因此企业自建渠道更多集中在这 2 个阶段中。

在技术推动下，5 个阶段的模式变化极大——从点到面的"广播"模式到点到点的"点播"模式，从精准搜索到精准匹配与推送。无论如何变化，其根本目的是始终满足消费方的价值需求。

虽然需求是核心因素，围绕需求，推动消费者行动，还有感知与注意力、经验和知识、情感和态度、社会因素和价值观 5 个因素。这 5 个因素逐步递进，且可相互叠加。影响消费行为的因素如图 5-4 所示。

渠道正是有针对性地在消费行为的 5 个阶段上建立的，利

---

1 AISAS（日本电通公司针对互联网与无线应用时代消费者生活形态的变化提出的一种消费者行为分析模型。AISAS即注意 (Attention)、兴趣 (Interest)、搜索 (Search)、行动 (Action)、分享 (Share)）。

2 SICAS（指 2.0+移动互联的全数字时代，用户行为、消费触点变革。SICAS即 Sense— Interest&Interactive—Connect&Communicate—Action—Share(品牌与用户相互感知— 产生兴趣并形成互动—建立联系并交互沟通—产生购买—体验与分享)）。

3 ISMAS（针对这些传统的理论模型提出的改进模型。它是由北京大学刘德寰教授根据移动互联时代人们生活形态的改变，于 2013 年提出来的。ISMAS即 Interest(兴趣)、Search(搜索)、Mouth(口碑)、Action(行动) 和 Share(分享)）。

用影响消费行为的因素，承载企业价值，不断与消费者进行接触、交互、交易、维护等，并基于消费者反馈，不断升级迭代产品和服务。

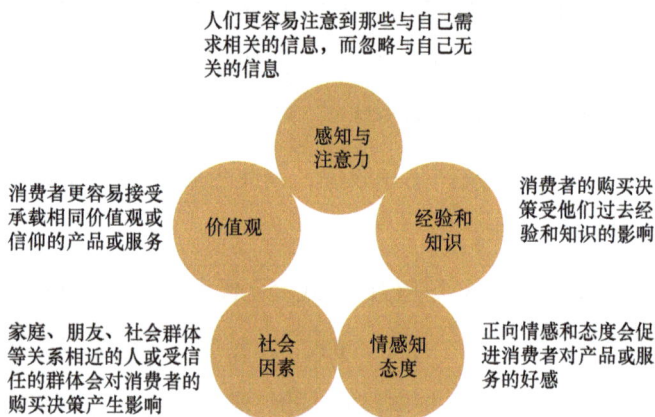

图 5-4　影响消费行为的因素

消费行为路径如图 5-5 所示。

图 5-5　消费行为路径

在意识阶段，消费者会通过广告、口碑传播等途径得知产品和服务的存在。在这个阶段，品牌需要直接、简单地表现出企业或产品的价值，一个简单、稳定、可延展、适应性强的品牌标语会远好于一些空虚、晦涩的标语。有效的品牌识别系统能够快速在消费者心目中树立形象并产生联想。这个品牌识别系统不仅包括品牌形象，还包括产品的外观设计、品牌和产品的联系。

在各时期的消费行为模型中，这个阶段的核心目的是要吸引消费者的兴趣，不管是通过相互感知，还是引发关注。因此，品牌知名度、记忆度、好感度等品牌基础指标经常用于评估品牌在这个阶段的影响力。

由于新媒体的快速发展，品牌推广面对极为复杂的社会渠道，从线下到线上，不同模态信息、不同社会关系有着各自的承载平台，如何使用各个渠道，并使渠道组合价值最大化，在短时间内让更多的消费者认知、记忆并理解，一直都是企业及服务商需要解决的问题。

由于消费者的认知受到知识和经验的影响，因此，对于消费者的深入理解、与消费者认知相匹配极其重要，这不仅关系到品牌推广的效果，也关系到是否能够成功建立品牌形象。

当消费者有了某项需求，明确了需求要素，需要找到合适的产品和服务，并用它来满足自身需求时，就进入考虑阶段。在这个阶段，考虑"是不是需要购买这样的产品和服务"，如果需要支付的成本不足以使获得价值提升时，即 $V/C \leqslant 1$ 时，消费者大概率会选择不购买。

考虑时长随着消费金额的增加而增加，并且，金额符合心理预期，消费者冲动购买的可能性越大。对于需要长时间考虑的产品和服务，企业则需要借助更垂直和更专业的渠道去影响消费者，例如购车时的选车阶段，消费者会在垂直的汽车媒体或网站进行比较。

在多模态信息甚嚣尘上的时代，意识阶段和考虑阶段逐渐融合，并缩短了时长，甚至消除了考虑阶段，接触即决策。在接触时，就会直击消费者的痛点，使消费者认为付出成本不大，推动消费者不假思索地下单购买。

在决策阶段，消费者会衡量各种因素，做出购买决策，决定所购买的产品和服务，并基于确定的产品和服务来选择品牌。进入这个阶段，消费者已经明确了需求，并通过自己的知识和经验，开始选择企业提供的此类产品和服务。此时，情感和态度、价值观、社会因素会成为消费者决策的重要因素。企业需要在各个渠道中保护自身品牌，并明确传达自身品牌所代表的价值。

前3个阶段在营销中分别对应了提升消费者认知、针对消费者需求获取消费者的注意力、消费者主动采集信息并评估。因此，前两个阶段关注品牌推广，后一个阶段注重转化效果。

在移动互联网时代之前，不同媒体的定位清晰，在品牌推广中承担了不同的职能，"搜索"成为第三个阶段的入口，因此，"搜索"获得了极大的成功。进入移动互联网时代，"品效合一"成为各媒体平台的愿望，并通过各种技术手段来推动实现。直到在技术的推动下，短视频/直播爆发，第二、三阶段被极大压缩，消费者行为大幅前置，冲动购买的占比极大提升。

在购买阶段，消费者会选择交易方式，并完成交易。

这个阶段主要包括支付渠道和交付渠道，这两个渠道涉及时间——更快捷地实现各种目的，空间——更方便的物流以实现产品和服务的转移，安全——产品和服务无障碍转移等。只有在这个阶段，企业才会评估是否需要自建渠道。

在后续阶段，消费者使用产品和服务，评估其质量和满意度，向企业提供反馈和建议，并在媒体渠道分享体验。在这个阶段，消费者会在使用完产品和服务后，进行体验分享。一般而言，消费者只有在超出其预期，或有所不满时才会在不同渠道进行反馈。而这样的反馈要么提升品牌，要么损害品牌。

Tips：

- 作为连接价值生产方与价值消费方的节点，渠道的重要性不言而喻。

- 渠道需要根据消费行为建立，在技术的推动下，消费行为的各个阶段都会发生变化，渠道需要根据消费行为阶段的变化而变化。

- 在渠道中，品牌和产品相辅相成，只有基于产品而形成的品牌才具备成长空间。

4. 关系建立与维护：运营的天下

渠道连接了企业的品牌、产品和服务与价值消费方，这种连接会随着企业与价值消费方的关系加深而变强，即信任感越强，客户关系越稳定。因此，与消费方的关系建立需要在消费方使用产品和服务之前，即企业需要在消费方使用产品和服务之前开始与之接触。在消费方使用产品和服务期间，其重点在于不断地维护与他们的关系。

　　建立客户关系，首先需要明确关系建立的目标。企业需要通过建立客户关系来实现自身的商业目标，例如提高销售额、提高客户忠实度、提高品牌知名度等。企业所处阶段的不同、与消费方信任程度的不同等都会影响客户关系建立的目标。建立关系的目标从浅到深，可以划分为：提升沟通频次—提高满意度—产生信任—提升营销效果—提升 ARPU[1] 值—提升复购率。只有明确了目标，企业才能有针对性地制定关系建立方案，实现目标。与消费方关系建立目标如图 5-6 所示。

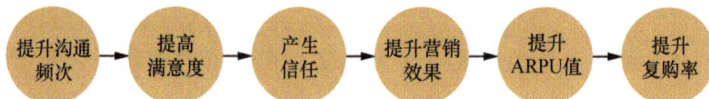

提升沟通频次　提高满意度　产生信任　提升营销效果　提升 ARPU 值　提升复购率

图 5-6　与消费方关系建立目标

　　其次需要定位不同的用户群体，以不同的定位来制定关系建立方案。

　　提供工具型产品和服务的企业，需要了解目标用户群体的不同需求和偏好，划分不同用户群体，以针对不同用户群体制定不同的关系建立方案。例如，对于年轻人群体，企业可以通过社交媒体和线上互动来建立关系；对于中老年人群体，企业可以通过传统媒体和线下活动来建立关系。

　　提供商业型平台产品和服务的企业，目标群体多样，且相互关联，这时的群体需求差异化会非常大，更需要对目标群体

1　ARPU（Average Revenue Per User，每用户平均收入）。

进行深入分析，明确运营方案，例如帮助价值消费方获取价值，帮助价值生产方提升生产和推广效率。

最后，需要强大的运营能力以提升用户关系，并实现企业目标。运营能力需要投入足够多的资源和精力来保障，例如，通过用户服务、促销活动、定期沟通等方式来提高用户满意度和忠实度。同时，企业需要不断地衡量用户关系建立的效果，不断地优化和调整关系建立方案，更好地实现商业目标。

在提升沟通频次方面，主要是为了提升消费方对企业、品牌、产品和服务的理解，进而获得他们的好感，因此需要建立积极的沟通机制，例如增加邮件/短信营销、社交媒体互动、定期的调查问卷等。通过建立强有力的沟通渠道，目标用户更了解和关注企业、品牌、产品和服务的信息，进而提升消费方对品牌的理解。

在提高满意度方面，为了增强消费方的黏性，需要建立信息反馈机制，关注、收集并及时响应消费方反馈，营造温馨、友好的沟通体验。同时，可以构建会员体系，通过礼品卡、积分等方式激励用户，提升用户的服务体验。也可以在会员体系的基础上，制定用户关怀计划，开展相应的关怀活动。会员体系的关键是沉淀会员资产，例如会员积分、数字资产等，核心在于建立会员的强账号系统，围绕会员账号，安全存储会员资产，并支持会员便捷地提取个人资产。会员系统的建立，支撑了用户价值、满意度、营利性和忠实度的实现。

产生信任是提升满意度的后续，主要是延长消费方的生命周期。只有在高频且满意的沟通后，企业才能与消费方建立信任关系。同时，建立双方信任关系，可以通过提供透明的信息、保证产品和服务质量、提供安全便捷的支付方式等实现。此外，利用精细化的数据分析技术进行个性化推荐等，也能提升消费方的信任感。

当信任感产生后，通过对用户的了解，利用数据分析，可以推送个性化的营销信息触达消费方。信任关系的存在将会实现低成本、高转化的营销效果。

而对于一些产品和服务组合，通过建立用户关系，可以向用户推销更高端、更具价值的产品和服务，例如提供更精致的定制化服务、开发新的高附加值产品等，从而提升消费方的 ARPU 值。

在提升复购方面，可以通过加入优惠促销活动、主动提供员工反馈等方式，来鼓励客户回购。此外，还可以向用户推荐相匹配的产品和服务，以提高其满意度和忠实度。

综上所述，建立用户关系是企业在市场竞争中赢得成功的关键之一。企业需要明确关系建立的目标，定位不同的用户群体，制定不同的关系建立方案，并投入足够多的资源和精力来运营用户关系。只有这样，企业才能与用户建立起长期稳定的关系，最终实现自身的商业目标。

Tips：

- 建立用户关系，是企业运营能力的展现，核心是建立用户对企业的信任感。在信任感之下，才会增加黏性、提升 ARPU 值和复购率，以及各种转化率。

- 信任感不仅包括用户满意度，也包括企业的责任，例如承诺实现、用户资产管理等，其基础是对用户需求的深入理解，信任感的建立会极大地影响用户体验。

- 用户反馈机制与会员体系是建立用户关系的两大利器，也是构建用户信任感的重要手段。

5. 组织与人力：团结就是力量

人力是商业成功与持续发展的关键驱动因素之一，也是企业投入的重要资源之一。不仅产品和服务需要人力来开发生产，渠道和用户关系的建立也需要人力的智慧付出。

如果说产品和服务是企业价值的承载，那么人力就是实现这个承载的执行者。因此，"人"才是企业价值创造的主体。企业需要将自己的价值准确无误地传递给企业中的每一个人，并在此基础上，形成开放与熵减的环境，持续激发个体创造能力。

在企业的商业运转过程中，员工付出努力，实现了自身的外在价值——帮助企业更好地发展，转化为企业的内在价值——产品和服务；企业通过产品和服务获得外在价值，又提升了员工的内在价值。如此便形成了企业与员工的价值交换。可以说，企业的发展在于企业与员工的价值交换，如果形成正向循环，则企业会快速发展，反之，则会遇到障碍。

当企业将需要产生的价值和目标赋予员工时，每个员工便有了共同的目标，这便形成了组织。

然而，数字时代的信息透明化，使价值消费方在供需博弈中开始占据主导地位。价值消费方需要更具个性化的产品、更好的服务体验，而且要求价值生产方更具创造力、更敏捷高效。同时，高新技术发展使企业经营业绩有了提升的机会。抓住这个机会的途径是让企业员工适应技术变革的速度。因此，持续学习能力、利用新技术创新的能力成为员工与企业打造竞争力的关键。

在价值需求方变化和技术推动下，组织的运作模式面临巨大的挑战。

常见的组织架构包括功能型、产品型、地域型、矩阵型。不同类型的组织架构有自身的优缺点，并适用于企业的不同发展阶段。

功能型组织架构，即按照企业职能划分部门，每个部门负责一个特定的职能。优点是专业性强，工作效率高；缺点是跨部门沟通会有障碍。这样的组织架构一般会变成烟囱型，极易形成"信息孤岛"。

产品型组织架构，即按照企业的产品线划分部门，每个部门负责一条或多条产品线的生产和销售。优点是高度专业化、模块化，能够快速响应市场需求；缺点是产品竞争激烈，公司内部沟通可能受到影响。

地域型组织架构，即按照地理位置划分部门，每个部门下设分支机构或办事处。优点是利于开展地方工作，降低管理成本，对于服务于某个地区的企业非常适用；缺点是难以协调各地方工作，缺乏整体性。

矩阵型组织架构，即在功能型组织架构或产品型组织架构的基础上，增加了多个纵向的项目组，由项目经理负责，项目团队成员来自不同的职能或产品部门。优点是强调项目管理，适合多元化、复杂化的业务；缺点是组织结构复杂，沟通效率低。

如果匹配企业发展阶段，那么，在初创阶段，一般采用功能型组织架构或矩阵型组织架构，强调速度和效率。在快速增长阶段，一般采用产品型组织架构或矩阵型组织架构，强调快速响应市场需求。在成熟稳定阶段，一般采用地域型组织架构或矩阵型组织架构，强调整体利益和长期发展。

不管什么样的组织架构，其核心目的在于提高企业价值，以及顺畅交换企业价值与个人价值。组织架构可以调整，但不能频繁地出现大的变动，否则组织中的个人对组织的信任感将会逐渐消失。

要实现这样的目的，首先，必须清晰地明确企业要提供的价值，以及未来的发展目标，不能有丝毫犹豫，上下同欲者胜，风雨同舟者兴。其次，要明确各组织的定位与职责，组织可以优化调整，但不能冲动设立，需要根据明确的职责需求来设立，反之会导致人浮于事，或遇到风险时整个团队遭到裁撤，最终导致个人对组织的信任感降低，以至于难以承接企业价值，并体现在产品和服务上。最后，要确定组织架构的层级关系和沟通渠道，建立有效的工作流程和协作机制。

Tips:

- 实现组织与个人的主观能动性，在于企业与员工之间的正向价值交换。

- 需要用企业的愿景和使命激发员工个人的工作动机，用明确的企业价值和目标建立企业与个人的共同价值，以企业的发展提供个人成长的机会，实现个人的价值，营造信任、协作、奋斗的组织氛围，持续激发组织与员工积极创造的内在动力。

6. 资源与合作：发展的根基

由成本带来的资源与合作是企业发展的根基。资源与合作同产品和服务息息相关，如果产品和服务目标设定过高，但资源与合作不足以支撑，则企业目标很难实现。另外，合理的产品和服务目标牵引资源与合作的扩展方向，只不过这样的扩展需要成本的支持。其中的关键是"合理的目标"，即目标要经过严格判断与论证，不是"拍脑袋"行为，而是需要评估风险，并制定防范措施。只有这样，目标方向才具备长久的生命力，使资源与合作扩展的根基更为扎实。

资源与合作虽然有差异，但也相辅相成。资源包括内部资源和外部资源。

内部资源除了人力资源，还包括资金资源、物力资源、信息资源、技术资源、管理资源、可控市场资源（例如品牌资源）、内部环境资源（例如时空资源）等。

外部资源包括但不限于行业资源、产业资源、市场资源（例如关系资源）、外部环境资源（例如历史文化资源、社会资源）等。外部资源一般会通过合作获取，不同于合作，企业对所获得的外部资源是有使用权的。

企业合作需要实现双赢，通过资源共享和优势互补，以获取在市场中的整体优势。因此，企业为获取资源所付出的成本会远大于为合作付出的成本。

在所有的资源中，人力、物力、资金为核心资源。只有在企业发展目标及方向明确后，根据目标的需要，才能进行资源的调整。当企业以一体化为发展方向时，不管是向前一体化还是向后一体化，资源的扩展需要增加补充性或互补性资源，以增强对市场或供应的控制力。当企业以多元化为发展方向时，则需要增加资源的数量和种类。而企业执行收缩战略时，资源也需要同步调整。

合作是企业战略的选择。当企业难以支撑资源扩充，当资源的扩充不足以带来更高价值，当资源的扩充导致时间成本大幅增加时，合作不失为一种更好的应对方式。例如企业进入新的行业或领域，需要熟悉行业、建立团队，甚至需要耗费更长的时间建立产品线与研发产品。

基于战略的不同，或所处战略阶段的不同，合作目标也不尽相同，有的需要做到资源互补；有的需要提升自身的核心能力；有的需要在市场竞争的压力下加强关系，抱团取暖。也有成长期的企业，需要通过合作来提升自身，例如相互学习、完善制度等。

不管以何种方式，合作的目的始终是帮助企业提升生产的价值，即通过合作，实现企业自身的成长和突破。如果只是为了合作而合作，并没有对企业的成长起到本质的帮助，那这样的合作只会流于表面。

"产、学、研"合作对企业非常重要，提升科技成果转化也是未来的必经之路。只有企业真正将学研界的技术转化为自身的技术资源，"产、学、研"合作的目的才能真正实现。否则，学研界对于企业而言和供应商并没有什么不同。

虽然资源与合作需要成本支撑，但它们同样受到企业价值的引导，需要根据企业的价值方向，来确定需要聚合的资源，以及选择合作方。只有这样，资源与合作才能匹配产品与服务，使产品和服务更好地承载企业价值。

Tips：

- 清晰的企业目标方向对资源与合作极为重要，不仅体现在资源的分配使用、合作方选取，也体现在资源与合作的扩展。

- 资源与合作在不同场景下会相互转换，企业不仅需要通过合作来实现企业价值，赋能产品和服务，更重要的是需要通过合作来夯实自身的资源储备。

第六章

第五生产要素的效用

"数据"（data）这个词在拉丁文里是"已知"的意思，也可以理解为"事实"。这是欧几里得一部经典著作的标题，这本书用已知的或者可由已知推导的知识来解释几何学。如今，数据代表着对某件事物的描述，可以被记录、分析和重组。

如今，数据已经成为一种商业资本，一项重要的经济投入，可以创造新的经济利益。事实上，一旦思维转变过来，数据就能被巧妙地用来激发新产品和新服务。数据的奥妙只为谦逊、愿意聆听且掌握了聆听手段的人所知。

这仅仅只是一个开始，大数据时代对我们的生活，以及与世界交流的方式都提出了挑战。

——维克托·迈尔 - 舍恩伯格

> 随着社交媒体、移动设备、物联网等技术的飞速发展，数据的类型和数量呈现爆炸式增长。《大数据时代》揭示了数据在这个由量变到质变的时代中的巨大潜力和挑战。巨量的、多样化的数据完全可以使价值和成本具象化，使它们可被测量、可被分析，最终揭示出前所未有的模式和趋势，从而影响商业、社会甚至人类的未来。

当人类社会进入第三次工业革命后，全球科技创新进入活跃期，自动化加速走向数字化和智能化。数字时代，企业通过使用数据，不断提升商业流转的速度，从而生产更大、更多的价值，不断提升企业在数字经济环境中的新型核心竞争能力。

从信息化到数字化，经济社会已经走过了 40 多年。不管是信息化、互联网化，还是数字化、智能化，其基础都是数据的使用，只不过使用数据的范围和方法有所不同，各种"化"的目标和结果也不尽相同。信息化—互联网化—数字化—智能化的区别如图 6-1 所示。

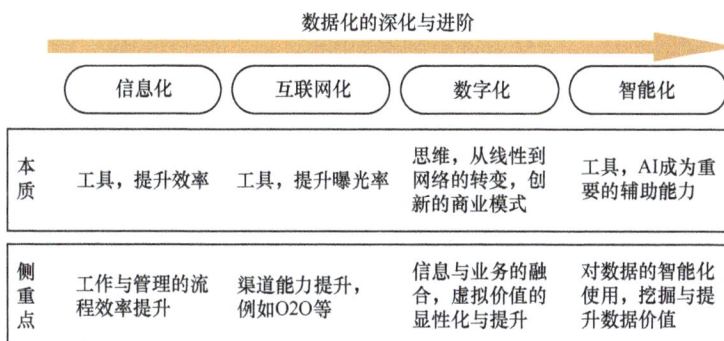

数据化的深化与进阶

	信息化	互联网化	数字化	智能化
本质	工具，提升效率	工具，提升曝光率	思维，从线性到网络的转变，创新的商业模式	工具，AI成为重要的辅助能力
侧重点	工作与管理的流程效率提升	渠道能力提升，例如O2O等	信息与业务的融合，虚拟价值的显性化与提升	对数据的智能化使用，挖掘与提升数据价值

图 6-1　信息化—互联网化—数字化—智能化的区别

数据是信息（或信息本质）的一种呈现方式。数据其实一直都有，只不过在互联网时代之前，数据与信息是平行的，数据以数字形式为主，信息以图文形式为主。随着互联网越来越融入生活，信息和数据合而为一，数据逐渐成为信息的主要载体。当信息数据化之后，数据的作用越来越大。

1948 年，数学家香农在《通信的数学理论》一文中提出：信息是用来消除随机不定性的东西。信息成为创建宇宙万物最基本的万能单位。

信息是人对世界的认知的呈现，同时，人类使用音、视、文、图等方式不断记录自身的发展和演变，信息在人类历史上的作用举足轻重。此外，人类根据已知信息进行开发创造，产生了更多的信息。从这个角度来说，信息借助人类，本身具备自生长的特征。在这个过程中，信息能够帮助人类不断沉淀成长信息，去芜存菁，最终成为左右人类发展的关键要素之一。

在信息稀缺时代，由于信息传递的弱时效性和信息鸿沟，人们对于未来趋势的判断更为感性，社会更加相信专家的判断，因为这些专家掌握了大部分信息，能够提供决策力。

在互联网时代，首先进行数据化的是文字，随着通信技术的发展，图片数据化、音频数据化、视频数据化接踵而至。在互联网时代，数据信息使判断更为理性，谁掌握了数据，谁就能引领发展。这个时代，头部企业开始通过数据来进行市场和商业模式的判断。从这个角度讲，也许只有"数据＋经验＝专家"才是合理的。没有数据的支持，从方向到执行，任何决策都有可能出现偏差。"没有调查就没有发言权"，当前数据信息使"调查"更为便捷，"发言权"产生的决策力，也不再只是少数人的专属了。

同时，在数据技术的支持下，实体产品也可以数据化，在虚拟空间中再现与创造，并反馈至真实世界，例如建模后进行3D打印。以数据驱动机器进行智能化生产也成为可能。数据化打通了信息化中的"信息孤岛"，提升了互联网化的渠道价值，推动了数字化思维的形成。更重要的是，数据化是智能化的基础，只有实现数据化，智能化才有可能实现。

当信息承载体可以用数据体现时，数据就变成了信息的主要载体，成为新的生产要素。

1. 数据要素：商业运转的神经系统

在信息时代，不管是实体经济还是虚拟经济，信息和知识已经成为推动社会发展的关键力量。数据是信息经过处理、加工后的产物，贯穿信息"采、编、存、传、播"流程，因此，数据被视为第五生产要素。

作为一种新的生产要素，数据具备不同于其他要素的特点。一是可重复性。数据可以被任意复制和传播，而不会减少或消失，因此可以用极低的成本创造更大的价值。二是可自生性和可积累性。随着时间的推移，信息会不断产生，数据也会不断积累，最终形成海量的数据资源，进而提供更多的决策支持。三是可共享性。对于个体或独立企业而言，数据可以在不同的系统和平台上共享，带来更广泛的应用价值。而企业和企业之间、个人与个人之间，数据的可共享性是打破"信息孤岛"的关键。四是高附加值。通过数据分析和挖掘，可以发掘出更大的商业价值和创新潜力。

在大数据和人工智能等新技术的推动下，数据将在未来的经济发展中发挥越来越重要的作用。对于企业和整个社会来说，数据的价值已经不亚于传统的资本、劳动和管理等要素。

数据的作用和价值主要体现在决策、商业模式创新和科技创新这 3 个方面。

在决策方面，通过对信息的采集、数据化分析和处理，不仅可以更加准确地了解外部信息，例如自然空间环境、社会趋势、市场、需求、满意度等相关渠道和客户关系的信息，也可以动态监视企业内部的运营情况，例如产品生产、服务提供、资源使用、供应链支撑等相关产品和服务、资源和人力的信息。通过汇聚和分析各种信息，组织才能做出客观决策，降低决策成本与风险，提升企业的商业运转速度。

在商业模式创新方面，数据不仅极大地提升了企业的商业运转速度，降低了内部运转的损耗，企业也会在数据的支撑下，更加精准快速地匹配价值生产和价值需求，生成新的商业模式，并通过数据判断，实现商业运转中各个模块的突破和关系的重新建立。既然直播可以成为销售渠道，那么直播也可以突破空间限制，转变为关系维护渠道。另外，在数字经济时代，很多企业已经从物质经济转向服务经济，而数据则成为这些企业实现商业模式创新的关键资源。

在科技创新方面，数据的作用不可替代。由于数据与信息的关系，信息技术需要靠数据来支撑。在人工智能、大数据等技术领域，数据是科技创新的基础和核心，只有通过大规模采集和处理数据，才能实现更深入地研究和应用。在其他技术方向，数据的作用也越来越大。在越来越多的应用场景中，数据已经成为科技革命和社会发展的重要推动力，例如在医疗、交通、智慧城市、生产制造等领域，都需要有大规模的数据支持，以实现智慧化发展。

使用好数据的前提是对数据有深入的理解，在理解的基础上应用数据，挖掘数据价值。

第一，要了解数据的类型。数据类型分为结构化数据和非结构化数据。结构化数据是指可用表格或者图表展示的规范化格式数据，例如数字、文本、日期等；非结构化数据则是指不能用规范化格式进行存储和管理的数据，例如图像、音频、视频等。了解数据类型可以帮助我们确定哪些数据可以用于分析和应用。例如，对于数字和文本数据，可以应用不同的统计和数据挖掘技术来获取更有价值的信息。

第二，要明确数据来源。按照数据来源，将数据分为内部数据和外部数据。内部数据是指由企业或组织自身产生的数据，例如销售数据、财务数据等；外部数据则是指由外部来源采集的数据，例如社交媒体数据、搜索数据等。因为数据的自生性，内部数据和外部数据会不断增长，而随着时间的延续，历史数据的价值会低于即时数据的价值。数据来源可以确定数据的可靠性和可信度。对于不同来源的数据，需要进行不同的分析和处理，以确保数据的准确性和可靠性。

第三，要制定数据格式规则。数据格式主要确定了如何存储和处理数据。例如，对于结构化和非结构化数据，需要使用不同的方法来管理和分析数据。按照数据处理方式，可以将数据分为原始数据和派生数据。原始数据通常需要经过特定的处理方法（例如数据清洗、数据转换等），才能得到有用的派生数据，例如统计数据、报表数据等。

第四，在数据格式的基础上建立数据结构，包括构建数据的逻辑结构和存储结构。其中，逻辑结构包含集合结构、线性结构、树形结构和图形结构这 4 种基本类型。存储结构则描述了数据在计算机内部的存储安排，例如顺序存储结构、链式存储结构、索引存储结构、散列（哈希）存储结构等。数据结构可以明确如何组织和访问数据。例如，对于关系型和非关系型数据库，需要使用不同的查询和访问方法来检索数据。

第五，严控数据质量，以确定数据的可用性和可信度。数据质量的把控，贯穿整个数据采集、存储与提取的过程。数据的六性——唯一性、完整性、准确性、一致性、关联性、及时性——是评判数据质量的标准。为达到这样的标准，在业务方面，需要明确业务描述和业务规则，更重要的是明确业务需求，以引领技术实现。在技术方面，则需要设计恰当的数据模型，控制数据源，设置合理的采集参数和流程，制定数据清洗规则、数据转换规则、数据存储规则和数据装载规则。而在数据质量的管理上，需要制定有效的数据规范、问题处理机制和数据管控机制。

当然，相同的数据在面对不同的目标时，价值不同，因此，数据价值体现在实现目标上。如果划分的话，可以分为核心数据、支撑数据、外延数据。其中，核心数据直接服务于目标，用于目标的决策、实现、评价；支撑数据与核心数据直接相关，用于支撑、解读、辅助分析，从而使核心数据价值更大；外延数据具有补充性，是对核心数据与外延数据的补充。

例如，若以营业收入作为业务目标，则与交易相关的数据会成为核心数据，例如单次交易金额、交易频次、最近交易距今的时间等，即 RFM[1] 模型中的 3 个主要维度，根据这 3 个维度数据进行判断，会使决策进入正向循环的通道，进而实现业务目标，扩大营收规模。

一般而言，在"大数定理"之下，围绕核心数据做出的决策，已经足以实现目标。但是也有例外，尤其是在竞争激烈的领域。此时，如果希望提升 R、F、M 这 3 个指标，则要通过其他相关数据来论证，例如单次交易金额。这也和交易的品类息息相关，耐消品的单价通常会高于快消品，因此，需要挖掘更多的数据来解释或找到提升路径，进而找到提升这 3 个维度的方法。

这些数据与核心数据具备强相关性，例如交易品类、用户行为数据等，这些数据属于支撑数据；如果支撑数据仍未能解决核心数据需要解决的问题，那么还需要细分，例如买耐用品或高端产品的用户在什么地区？有什么特征？要回答这些问题，需要更多的相关数据来分析，这些数据即为补充数据。作为补充数据的用户属性（年龄 / 性别 / 地域）、用户偏好等，也会作为解释的备份。

因此，当需要实现或提升目标时，最直接的方法是跟进并提升核心数据——用稀缺提升单次交易金额、用促销提升交易

1　客户分析模型，R（Recency，最近一次消费）、F（Frequency，消费频率）、M Monetary，消费金额）。

频次、用礼品拉近交易时间。如果不易找到直接方法，或成本过高，则需要从支撑数据入手，例如改变品类、匹配用户行为等。如果用户行为过于分散，需要集中突破，即使使用用户属性或偏好数据，也需要选择聚焦的群体。

同样，对于其他领域，例如营销、品牌、运营、采购等，根据整体目标可以分解出不同目标，不同目标会有不同的核心数据、支撑数据和外延数据。但不管什么样的数据，找到数据之间的相关性是重中之重。

Tips：

- 数据要素具备可重复性、可共享性、可自生性／可积累性和高附加值的特性，前两者在于降低使用成本，后两者在于提升价值。

- 数据要素的价值在于加快企业商业运转速度，以及提升价值生产到价值消费的效率。

- 数据要素在决策、商业模式转型、科技创新等方向的价值凸显，进而以低成本提升生产价值，推动 $D=V/C$ 的实现。

2. 构建数据架构：发挥数据价值，企业商业运转基石

发挥数据要素的价值，需要构建完善的数据架构。建立一

个优秀的数据架构需要综合考虑企业的业务需求、数据规模和数据分析目标，从而为企业提供更加准确、快速和有效的数据支持。

数据架构的建立，覆盖了数据"采集—传输—存储—处理—应用"流程，其中数据的应用会产生更多的数据，这些数据又被采集，再次进入流程，形成循环。在整个流程上，通过数据传输将采集到的数据传输到数据存储，数据存储则将数据保存在适当的存储介质中，例如磁盘等。数据处理对数据存储层中的数据进行处理和转换，以满足业务使用需求。数据分析从数据处理层中获取数据，并对其进行分析和挖掘。数据价值流动如图 6-2 所示。

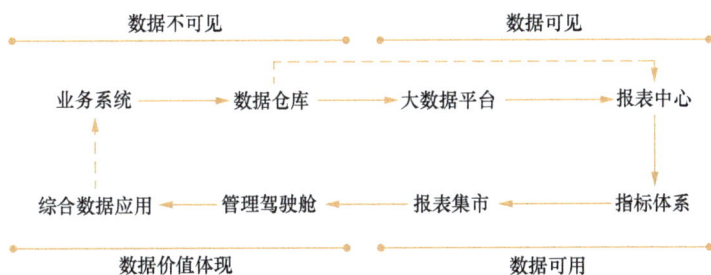

图 6-2　数据价值流动

数据从业务系统中来，进入数据仓库，在这个阶段，数据是原始数据，尚不可见。当数据进入大数据平台，进而形成报表，在报表中心可查。要使用数据的话，需要建立指标体系，根据指标体系，建立各种各样的主题，形成报表集市，这时数据进入可用阶段。有了这些基础，才会有可视化的管理驾驶舱，显示数据价值。而数据的综合应用，会反映到业务运营上，形成新的需要采集的数据。

为使数据价值流动更高效，需要数据架构的支持。构建数据架构的主要目的有 5 个。一是确保数据的完整性和准确性，重点是数据采集的正确性和及时性。二是严保数据的安全性，包括保障数据的隐私性和机密性，防止数据泄露和被攻击。三是保障数据的可靠性，保证数据在传输和处理过程中的稳定性。四是支持数据的可扩展性，可以保证数据规模的无限扩展和不同数据类型的处理。五是精准应用于数据的分析和应用，便于数据分析、挖掘和业务应用，提高业务的决策能力和价值。

数据架构主要用于管控数据分布（包括数据源头和流向），梳理企业数据资产，制定数据标准并持续维护。同时，建立数据模型（包括概念模型、逻辑模型和物理模型）可以提升数据的可用能力，挖掘数据价值。

数据架构可以分为 5 个部分，包括采集—存储部分、计算—模型部分、数据应用部分、数据安全部分、数据治理部分。数据架构如图 6-3 所示。其中，数据治理是数据架构的重点，不仅设定了数据架构的各项规则及数据管理制度，也深入数据架构的各个环节，协调各个相关方，采取联合行动，并持续进行互动，以实现数据价值增长。

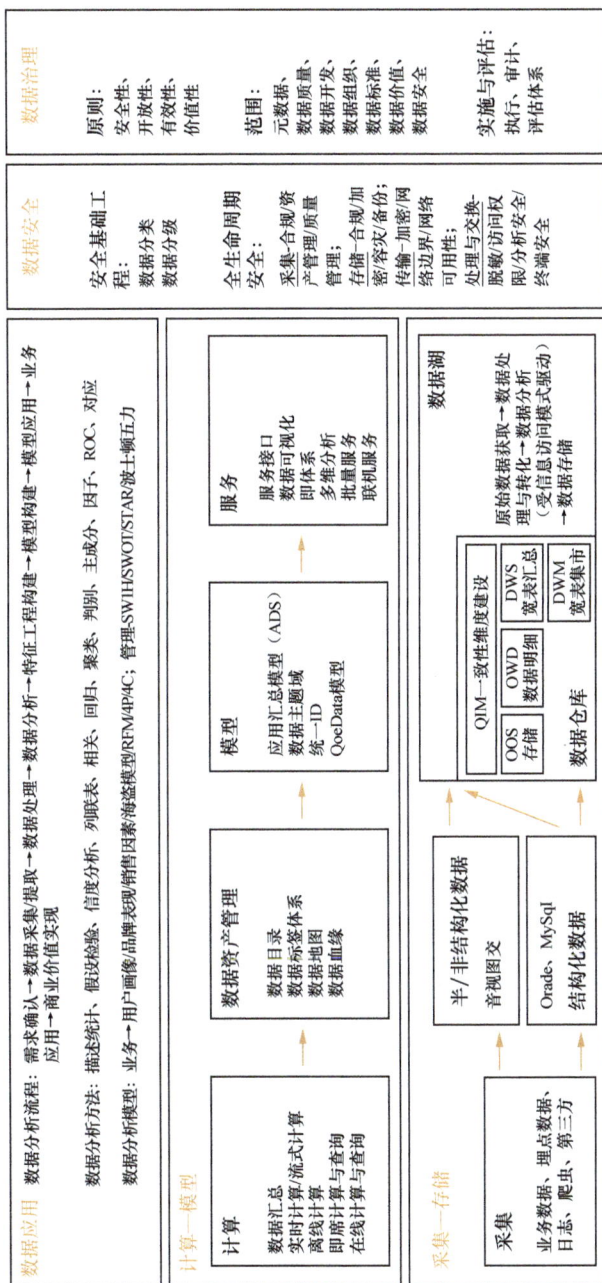

图 6-3 数据架构

在数据采集方面，主要采集各种类型和来源的数据。根据数据类型、来源不同，常见的数据采集方式包括应用程序接口调用（已有数据获取）、爬虫抓取（虚拟信息获取）、传感器数据（实体信息获取）、自生成数据（自有平台数据积累）等。数据采集需要考虑数据的完整性、准确性和及时性。

在数据传输方面，主要负责数据在各个系统之间的传输。在这个节点上，主要考虑并保证数据传输的安全性和可靠性，防止数据泄露或丢失。基于安全的数据传输方式需要考虑采用安全接口设计及高安全的数据传输协议，包括文件传输协议、远程过程调用等，以保证通过接口访问、处理、传输数据时的安全性，避免数据被非法访问、窃听或旁路嗅探。

在数据存储方面，主要存储采集到的数据。数据存储需要考虑数据的读写性能、安全性和可扩展性。常见的数据存储层包括关系型数据库（例如 MySQL），NoSQL 数据库（例如 MongoDB）和分布式文件系统（例如 HDFS）等。

在数据处理方面，主要用于对存储的数据进行处理和转换。数据处理需要考虑数据处理的复杂度、实时性和可靠性。常见的数据处理框架有 Apache Spark、Apache Flink 等。

在数据分析方面，主要用于从数据处理中获取信息，并进行数据挖掘和业务分析。数据分析需要考虑对数据的存储、查询和分析效率。常见的数据分析工具包括 R 语言、Python 等，以及一些数据分析模型。

数据安全是数据治理的一个重要环节，其核心在于可跟踪、可溯源、可管、可控、可查。因此，在管理上，数据安全需要秉持事前制度建设、事中技术管控、事后监控审计的原则。在执行中，需要在数据存储、数据承载（例如网络、终端）、使用等方面构建全流程数据安全管控体系。

在数据存储方面，确保数据的完整性，防数据丢失，并对数据进行安全等级划分，加强数据容灾能力和数据监控能力。在数据承载方面，保证承载数据的网络或终端的安全，通过使用网络隔离、对数据进行加密和脱敏等方法，加强网络安全、传输安全和终端安全。在数据使用方面，加强权限控制，对用户身份进行认定和访问控制，并在权限管理、数据使用、操作行为等多个维度提供安全审计能力，捕获系统内的完整活动记录，以进行日志审计。此外，还需要对用户的活动进行监控，建设数据侵权保护能力。

数据治理体系的核心在于保障企业的数据资产在数据建设过程中得到正确且有效的管理，因此，数据治理贯穿数据全生命周期。

除了数据安全，数据治理还包括数据质量管理、元数据管理、主数据管理、数据资产管理及数据标准等内容。数据质量用完整性、准确性、一致性和及时性来衡量。对元数据的管理，主要是帮助构建业务知识体系，确立数据业务含义的可解释性，并提升数据整合和溯源能力。对共享数据，在主数据的管理上，需要管理和监管各组织机构、子公司、部门对主数据的访问，制定访问规范和管理原则，并定期进行主数据评估。在数据资产管理上，需要构建数据资产地图，并进行资产评估，使数据资产可查询、可服务。而数据标准管理是保障数据内外部使用和交换构成一致性和准确性的规范性约束，数据标准不统一，会导致同一组织内对数据的使用千差万别，最终导致决策混乱。

数据架构是体现数据价值的基础，只有通过应用数据，解决实际问题，数据价值才能被真正地体现在数据应用上。

Tips:

- 数据架构中每一层都应该具备相应的扩展性和灵活性，以满足不断变化的业务需求。
- 数据架构各层之间的协调和合作是搭建数据架构的必要条件。

3. 数据应用：记录—评估—驱动商业运转，数据价值显性化

从问题中来，到问题中去。数据应用来源于业务问题，数据应用的结果，也需要回到业务中，解答业务问题，提升业务能力。

在信息时代，不只是 TMT[1] 企业生长于数据上，传统企业或实物产品生产企业的运转也依赖其神经系统核心数据。在企业的商业运转流程中，各个环节都会产生数据，也会通过数据

1　TMT（Technology，Media，Telecom，科技，媒体，通信）。

应用来解决具体问题。

数据应用如图 6-4 所示。

图 6-4　数据应用

为了匹配企业商业的运转流程，数据应用可被分为 3 个方面。

一是企业内部产品生产相关方向，包括供应链管理、采购管理、库存管理、产品生产管理，整个过程需要通过质量控制来把控，支撑它们的数据应用分别为供应链分析、采购分析、库存分析、产品生产分析及质量分析。

供应链分析。对于实体产品企业而言，数据维度包括物流信息（运输时间、时效、损耗率等）、供应商信息（包括产品信息，例如产品功能、技术、解决方案等）、供应商库存信息、销售历史、市场需求预测等。分析方法包括供应链可视化、库存与物流协调优化、生产与物流规划等。对于信息企业（例如互联网公司）而言，供应链以产品上的内容为主，因此数据维度包括供应商数量、供应商类型、供应商每次供应数量、供应商质量等。主要的分析方向包括比较各个供应商的质量、价格、稳定性。对于常用供应商，需要进行定期评估和监控。

采购分析。无论是生产企业，还是信息企业，采购分析的数据维度包括供应商信息（质量、交货准时率、价格等）、历史订单、采购时间与周期、采购渠道、成本分析等。分析方法包括供应商绩效评估、采购成本分析、需求预测等。同时要跟踪采购成本和采购来源，以便更好地收集信息。同时，也需要对采购量和采购频率进行分析，确保库存数量合理。

库存分析。对于实体产品生产企业而言，库存分析主要是自身的产品或零配件的库存，数据维度包括库存数量（按SKU、仓库、生产批次等分类）、库龄、周转天数、销售历史、季节性需求、促销活动等。分析方法包括库存周转率计算和优化、缺货率预测等。但对于信息企业来说，数据维度包括信息内容数量、类型、来源、时效性等。在分析中，需要统计每种类型信息内容的占比、来源分布以及时效性分布。对于过期的或不受欢迎的信息内容，需要将其剔除或优化。

产品生产分析。生产分析不仅包括产品生产，也包括产品使用的数据（例如智能产品或应用中，可以通过分析用户的使用数据来动态调整软件类产品的生产迭代）。实体产品的生产数据维度包括生产计划、生产订单、生产线效率、设备故障率、生产过程参数等。分析方法包括生产计划调整、生产效率分析、设备故障预测与维护等。信息产品的生产数据维度包括开发周期、开发人员、功能点、故障修复时间等。需要跟踪应用的开发和测试进程，以确保开发周期合理。同时，也需要对用户反馈进行分析，优化应用功能点和故障修复。

质量分析。在质量分析中，相关实体产品的数据维度包括原材料检测、中间品检测、成品检测等质检信息，以及不良品率、返工率、批次等信息。分析方法包括质量问题根本原因分析、品质改进管理、不良品追溯等。相关信息产品的数据维度包括应用性能、用户留存率、用户满意度、安全等级等。在数据分析上，需要对这些指标进行监控和分析，并对安全问题采取预防措施。

二是产品生产后的外部行为，包括渠道和用户关系的建立，数据支撑渠道、运营、品牌方向的分析，同时需要使用数据进行效果评估作为反馈。

渠道分析。渠道分析的数据维度包括销售渠道、分销商信息、线上线下渠道比例、渠道转化率、成本、到达率等。分析方法包括渠道效果评估、渠道优化、渠道利润分析等。需要跟踪各个渠道的转化率、成本和到达率，以便调整投入和类别比例。

运营分析。运营分析的数据维度包括用户规模、用户活跃度、转化率、市场份额、用户反馈、市场调研、竞争分析、产品定价等。分析方法包括销售预测、营销策略制定、产品定价优化等，并对各个数据维度进行监控和分析，以便制定更好的运营策略和推广计划。同时，跟踪竞争对手的市场份额和变化。

品牌分析。品牌分析的数据维度包括品牌知名度、品牌形象、美誉度、认知度、关注度等。分析方法包括品牌价值评估、品牌形象管理、品牌危机预警等，以及采取措施维护品牌形象和口碑。

三是企业的人力和财务管理，同样需要相关数据进行分析，其中人力分析包括对个人和对组织的分析。

人力分析数据维度包括员工信息、绩效考核、薪资福利、培训与发展、人才储备等。分析方法包括绩效评估、人才管理、薪资福利优化等。财务管理的数据维度包括财务指标、成本结构、资产负债表等。分析方法包括财务报表分析、成本控制、投资决策支持等，以制定预算和目标，优化财务状况和提高盈利能力。

企业运转的各个环节会产生大量的数据，需要确定数据应用的方法，才能充分发挥这些数据的价值。

在应用数据时，默认数据已经经过清洗与预处理的流程，确保数据的质量和可用性，已经在数据仓或数据湖中进行集成，并确保数据安全已经对数据隐私进行了处理——只要数据架构不出现问题，数据在应用的过程中不需要考虑这些内容。

确定数据应用的方法，首先，要确定业务问题，通过了解企业目前的业务状况，找出业务上存在的问题。其次，要明确可用于解决业务问题的数据来源，包括内部数据和外部数据，并评估数据质量，包括数据准确性、完整性、一致性等。再次，要根据业务问题和数据来源，制定数据应用的目标，例如，提高销售额、减少成本、改进用户体验等。进而建立完整的指标体系，细分量化指标，具体衡量数据应用的效果；选择合适的工具和技术来处理和分析数据，进行数据挖掘、特征工程等工作，例如，统计学分析（主要包括基本统计分析、分类、聚类、假设检验、方差分析、回归分析等）、数据挖掘（使用数据挖掘技术来发现隐藏在数据中的模式和关系）、机器学习（使用机器学习算法来训练模型，主要包括决策树、支持向量机、预测、降维等）、深度学习（主要包括神经网络、卷积神经网络、循环神经网络等）、人工智能（例如自然语言处理/图像处理等，主要包括文本处理、情感分析、实体识别等）等。最后，对数据分析结果进行可视化展示与报告撰写，借助报表、图表等方式，帮助管理者更直观地理解数据应用的价值。

数据分析的结果最终还是要回到原始的问题中去，并检测数据应用前后的效果。评估的方法包括：建立对照组，即 A/B 测试，以对比数据应用前后的效果差异；通过时间序列分析法，评估数据应用的效果；使用投资回报率（Return on Investment，ROI）来评价数据分析的投入产出价值；通过敏感度分析来评估数据应用的鲁棒性和可靠性；使用模拟测试来评估数据应用的效果，例如，使用蒙特卡罗模拟法来模拟风险和收益；也可以通过收集用户反馈来评估数据应用的效果，例如，使用调查问卷收集用户反馈。

我们通过一家电商企业的数据应用，来说明整个流程。数据应用流程如图 6-5 所示。

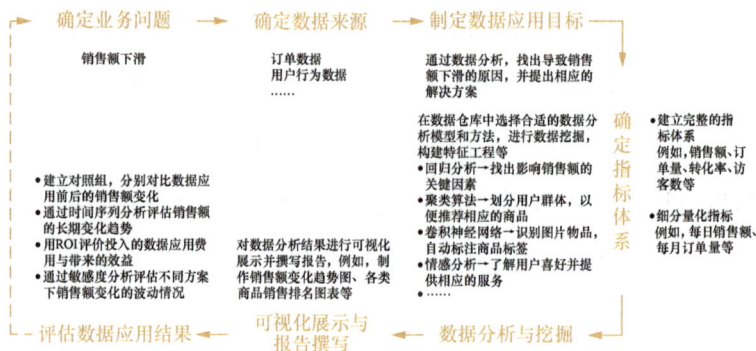

图6-5　数据应用流程

数据技术只是信息时代中技术的一种，也是最为基础的技术。信息时代，信息科技成为经济社会和商业发展的动力引擎，而这个引擎变得越来越强大，发展动力也越来越足。

Tips:

- 数据应用最终会融入企业运营的方方面面，各节点产生的数据天然具备相关性。只有破除"数据孤岛"，数据价值才会真正被挖掘。

- 无论使用什么样的数据分析方法，必须明确业务问题和数据分析目标，并保证数据来源的可靠性。

- 数据分析与结果呈现不是数据应用的终点。评估数据分析结果的应用能够体现数据真正的价值。

第七章

信息技术推动
$D=V/C$ 的实现

这些年，人类开始用微小的智能让没有生气的物体变活了，把它们编织进云端机器智能这张大网中，并将数十亿心智与一个超级心智相连。这个聚拢的过程是这个星球上发生的最重要、最复杂也最令人惊叹的事件之一。用玻璃、铜和电磁波组成神经，人类这个物种开始将所有的地区、过程、人口、人工制品、传感器、事实和概念编织成一张复杂到难以想象的巨网。在网络的胚胎期，我们的文明中产生了一种协作界面，或者说是一种能超越任何先前发明的能够感觉和认知的设备。可以称之为有机体或机器的这项巨大发明容纳了所有其他的机器，因此，它实际上如此深入地渗透进我们的生活，以至成了与我们身份相关的必要内容。它为我们这样的旧物种提供了一种包括完美的搜索、完整回忆、全球高度的视野在内的新型思考方式，以及一种全新的心智。这是一个开始。

—— 凯文·凯利

> 在《必然》中，凯文·凯利提醒我们，信息技术促进了全球化网络效应，推动了数据驱动的决策，改变了工作模式和产业结构，同时促进了共享经济和协作的发展。信息技术成为产品和服务的价值倍增器，更是产品与商业模式创新的核心工具，极大地推动了经济社会向前发展。

数据已经成为企业运转的神经体系，为企业运转打下坚实基础。为夯实基础，数据规模、质量与应用需要不断提升，从而使获取 / 生成 / 分析数据的方式不断扩展。同时，在数据技术的推动下，音、视、图、文等各种模态的信息可以用数据来表达，数据也推动了跨模态信息的打通与融合。无论是在实体世界还是虚拟空间，用精准的数据描述与管理整个商业运转流程，已经成为现实。

要实现这样的目标，则必须保证每个节点产生的信息能被获取与分析。因此，基于数据的信息技术与各行各业开始深入融合，成为基础设施。信息技术不仅提升了企业的生产效率，也在挖掘着新的价值方向，从而推动了企业快速发展。

既然数据可以代表信息，那么，信息技术也会遵循数据从采集到应用的逻辑。因此，整个信息流程可以被划分为"信息采集—信息存储—信息传输—信息处理—信息应用"。在每个流程节点上，均有相对应的信息技术作为支撑。并且，基于总目标的细分，每项信息技术担负着不同功能，以实现不同的分解目标，共同推动信息流转。

在信息采集方面，感测与识别技术是核心。它的主要作用是扩展人获取信息的感觉器官功能（五官、肢体环境信息），包括多模态的信息识别、信息提取、信息监测等技术。传感技术、测量技术与通信技术相结合而产生的遥感技术，使人感知信息的能力得到进一步增强。

在信息存储方面，主要涉及端侧存储和云侧存储。通过写入和读取，信息的查询检索、信息管理、信息共享等方面的效率更高。从时间维度上，可以把信息存储看成是从"现在"向"未来"或从"过去"向"现在"传递信息的一种活动。

信息传输的主要功能在于实现信息快速、可靠、安全地转移。各种通信技术都属于这个范畴。因此，信息传输主要是从空间维度上看信息的转移。

信息处理包括对信息的编码、压缩、加密等。在对信息进行处理的基础上，还可以形成一些新的更深层次的决策信息，这被称为信息的"再生"。

信息应用是信息过程的最后环节。它包括控制技术、交互技术、显示技术等。信息应用是实现目标的手段，采集、处理的信息，只有通过应用才能实现价值。可视化、自动化、精准化等都是它的外在表现。

信息全流程可以应用于各种场景，例如，拍摄高清图片或拍摄短视频。

在信息采集阶段，需要解决的是如何在低功耗的情况下，通过专用的采集预处理芯片，以及智能情景感知技术，实现实时或按需采集多模态信息。

采集的信息既可以存储在端侧或云侧，也可以通过多模态信息库或高效存储技术，实现多维或分布式存储。

在多端进行图片传输或转移时，可以通过多模态信息编解码技术、异构连接或智能协同技术，实现图片从云到端或从端到端的低时延传输。

在图片信息处理上，通过使用软硬芯一体化技术，例如，算法硬化、预处理、云边端协同等技术，或计算成像、深度学习等技术，可以实现信息复现、多模态信息融合或信息再生等目标。

在信息展示阶段，主要是实现长时间的显示效果，以提升多感官体验，因此，不仅需要显示低功耗或显示增强技术，还需要智能生成与创作技术、快速响应的交互技术，或工具链的支持，最终实现图片展示与应用体验的提升。

可以看到，信息技术不仅包括软技术（非物化技术，例如，系统与算法），还包括硬技术（物化技术，例如，传感器、芯片等软技术的承载体）。信息的软、硬技术之间既密不可分又相互依赖。

在信息处理上，计算机提供了数据处理和存储的基础，而数据管理和人工智能则需要计算机的支持。在信息应用上（例如，电子商务和电子政务）需要计算机、数据管理和安全等多项技术来实现。

总的来说，信息技术领域的发展与融合是一个不断演变和扩展的过程，这也使信息技术的应用越来越广泛，对企业和社会经济的影响越来越深远。信息技术构成如图 7-1 所示。

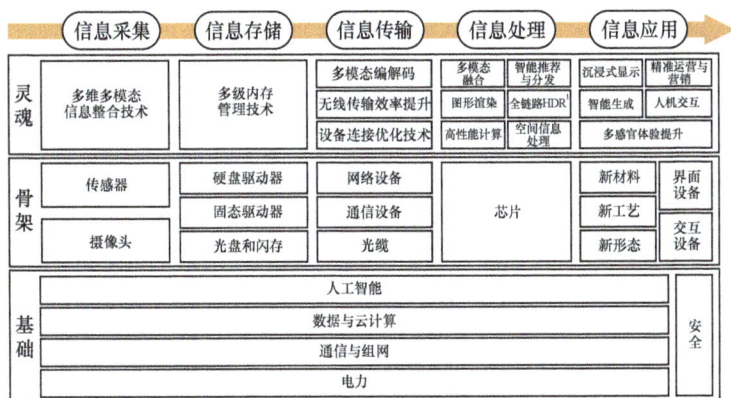

	信息采集	信息存储	信息传输	信息处理	信息应用
灵魂	多维多模态信息整合技术	多级内存管理技术	多模态编解码 无线传输效率提升 设备连接优化技术	多模态融合 智能推荐与分发 图形渲染 全链路HDR[1] 高性能计算 空间信息处理	沉浸式显示 精准运营与营销 智能生成 人机交互 多感官体验提升
骨架	传感器 摄像头	硬盘驱动器 固态驱动器 光盘和闪存	网络设备 通信设备 光缆	芯片	新材料 界面设备 新工艺 新形态 交互设备
基础	人工智能 数据与云计算 通信与组网 电力				安全

注：1.HDR（High-Dynamic Range，高动态范围图像）。

图 7-1　信息技术构成

1. 信息技术推动商业流转

在技术的推动下，信息被更加高效地使用，带来了极高的社会价值。信息技术也为经济发展带来了活力，提高了生产效率，降低了生产成本，并创造了新的商业机会和就业岗位。同时，信息技术还丰富了人们的娱乐生活，为人们的日常带来了便利和舒适。当然，信息带来的不仅是价值，还带来了诸多挑战——"数字鸿沟"、信息茧房、隐私安全等已经成为社会关注的焦点。

回到企业角度，信息技术的价值凸显，推动着企业的发展。

在价值生产方面，信息技术降低了各项成本，例如，供应链的搜寻成本、生产的复制成本（尤其是虚拟产品的多线程生产能力）、反馈成本、交通成本、产品的追踪成本和验证成本，使得生产要素和资源快速流动起来，并实现两者的高水平融合，从而使企业的生产效率得到全方位的提升。

在渠道与关系建立上，通过获取和分析用户信息，企业可以更好地了解用户需求，进一步促进价值生产，调整产品设计和产品创新。同时，有了充足的信息判断，企业能够分析和预测未来的市场趋势，并通过预测生产的方式节约成本。

在匹配企业内部商业流转的过程中，信息技术随处可见。

从信息视角看，从信息采集到信息应用形成闭环，不仅提升了企业的生产效率，也创新了企业的运营模式和商业模式。

在信息采集方面，企业需要做到全面、精准且有效。

信息全面即以用户对产品的使用信息为核心，延伸至产业链信息，再到行业与社会信息，这些信息需要以音、视、图、文等多模态方式进行采集。

产品使用信息可以细分为产品运行状态和环境信息（例如，声音、亮度、温度、湿度、空间等，以及产品在外部环境下的运行情况——各场景下的性能功耗、显示亮度调节等）、用户使用行为信息（不仅包括用户使用产品的操作行为，也包括产品在用户使用时的表现）、用户需求（用户的价值实现）、用户生理信息、用户反馈等。

产业链信息不仅有上游供应链信息、配套服务信息，也有竞争对手信息。另外，也需要时刻关注行业与社会信息，这些信息关系到价值生产的定位。

采集的信息还需要精准。例如，在采集的过程中对语音 / 图片的降噪，以便后期通过对算法的使用，生成理想的结果。

信息的有效一方面体现在时间维度上，需要保证信息的"新鲜"，一般而言，时延越小的信息，价值越高；另一方面体现在信息应用的目标上，对目标有直接影响的信息更重要。

有了信息，就需要有地方存放这些信息，以便在信息应用时进行读取和分析。在信息存储方面，通过强大的存储和管理工具，可以帮助企业高效地组织和管理海量的数据和信息，确保数据的安全性和可靠性，例如，云存储、大数据存储和数据库等。另外，随着信息库数量的急剧增长，个人用户也需要通过信息存储工具持久地存储个人的数字资产。

如果需要从存储工具中读取信息，并传输到不同终端进行分析和显示，则需要信息传输来实现。基于不同的场景，通过各种通信和网络技术，例如，互联网、局域网和无线通信等，实现了快速、安全和可靠的信息传输。

在信息处理方面，有各种数据分析和处理工具，例如，人工智能、机器学习、数据挖掘和模式识别等。这些技术可以帮助企业从海量的数据中发现隐藏的规律和趋势，提供有价值的信息和洞见。而这些分析出来的规律和趋势，也可以为个人用户提供更多的决策，例如，用每天的行为数据为用户提供健康指引。

在信息应用方面，不仅包括企业对信息的应用，也包括信息的呈现，以及用户对于信息的使用痕迹。经过信息采集、存储、传输、处理，信息应用是信息的显性化使用，展现了信息处理后的结果。在企业内部的商业流转的各个部分均需要信息应用支持。

换回企业视角，看如何应用信息。

在企业发展或产品和服务的方向确定中，可以从存储中读取相关行业、产业链和用户需求的信息，并进行信息处理和分析，明确企业需要提供的价值，进而明确产品和服务的定位，并随着经济社会和产业链上下游的变化而变化。

在供应链和资源管理上，企业资源计划（Enterprise Resource Planning，ERP）系统可以集成企业的各个部门和业务的信息，以信息流程提高内部协作和效率。项目管理软件可以帮助企业规划和跟踪项目进展，确保项目按时交付。

在产品和服务迭代的过程中，实体产品通过传感器技术或系统埋点技术收集数据，帮助企业了解产品的性能和质量，以进行迭代开发。通过信息传输，企业打造自动化和智能化的生产线，实现远程监控和远程控制，提高生产效率和质量。使用信息处理结果，应用先进的计算机辅助设计工具，帮助设计师和工程师更高效地设计和改进产品。

软件应用产品通过用户反馈、行为分析和市场调研等手段获取关于用户需求和市场趋势的信息；通过用户使用数据来进行应用迭代；通过信息传输，实现软件的远程部署和更新，提供更好的用户体验；通过算法、模型或人工智能能力实现信息分析结果，并利用开发工具和平台，快速构建和部署软件应用程序。

在销售渠道的建立和管理上，使用地域信息、用户需求信息以及渠道效果信息，通过数据分析工具，帮助企业了解消费者行为和市场趋势，从而制定更有效的销售策略。例如，通过分析与管理会员信息，实现 ARPU 的提升；围绕提高销售业绩，通过分析电商渠道，决定电商渠道的建设；为实现市场的无缝对接，确定 O2O 方式的实施标准与规则。

在品牌确立上，企业需要通过信息技术的使用来打造坚实的传播渠道。企业通过对用户偏好的分析，在用户的线上线下触点上，更广泛地传播产品信息和品牌形象，并与用户及时进行互动和沟通。企业使用个性化的精准营销技术，更精确地定位目标受众。MarTech 与 AdTech 的使用使企业更容易低成本地向销售渠道导流，推动品效合一的理想成为现实——不仅营销渠道和销售渠道成为一体，例如，短视频平台向电商扩展；也可以使用技术打通营销渠道和销售渠道的信息，实现"触及即销售"。

当前的用户运营也离不开信息技术，它为企业提供了更多的用户运营工具和方法。通过用户关系管理系统，企业可以有效地维护、管理和跟踪用户信息，并提供更加个性化的产品和服务。此外，利用获取到的用户行为数据，在数据分析和预测工具的帮助下，企业可以快速了解用户需求，优化产品和服务。

真正实现信息技术的价值，不仅需要坚实的基础，还需要"骨架"和"灵魂"。因此，信息技术需要的是体系化发展。

随着应用向着信息更丰富、更实时的方向发展，信息流转中的各部分对于信息技术的要求呈现多元化趋势。

Tips:

- "信息采集—信息存储—信息传输—信息处理—信息应用"贯穿企业的商业流转，其中，信息采集、存储、传递是基础；信息处理是核心动力，根据信息应用的要求挖掘信息价值，以提升信息应用能力；信息应用作用于商业流转中的各个模块，推动价值的实现。

- 信息技术在供应链与资源管理、产品和服务生产、销售渠道、传播渠道、用户运营、产品和服务使用等方面发挥着重要的作用。通过运用信息技术，企业能够提高生产效率，降低成本，拓展销售渠道，加强产品传播，改善用户体验，并提供更精确的数据分析和决策支持，实现企业目标，并增加价值，推动企业 $V/C>1$ 的形成。

2. 夯实信息基础技术，强壮发展之本

信息流转的各个节点有着不同的职责，信息的基础技术支撑这些职责得以实现。在基础技术中，能源技术是信息流转持续运行的保障，安全技术确保了信息的保密、完整和可用，通信与组网技术是信息流转与交互的通道，数据技术是信息的核心，人工智能不仅是信息价值的提升手段，也加强了资源调配能力和效率，云计算技术为信息提供了弹性、可扩展和经济高效的计算和存储资源。这些技术的不断创新和应用将持续推动信息的发展和创新。

能源是推动人类向前发展的核心要素之一。随着能源生产、消费与信息技术的深度融合，能量流与信息流之间的交互不断深化，"云大物移智链"无一不需要电力持续不断的支撑。

智能化与信息技术相辅相成。信息技术中的元器件小型化，推动了智能化发展；而设备 / 工具 / 生活用品等的智能化，促进了信息技术不断提升，并对电源质量提出越来越高的要求——持续清洁的电力生产、高密高效长周期小型化的电力存储、低功耗低损耗高灵敏的电力使用，以及"产、存、用"的安全处理等。

各种产品设备对电源的不同要求，催生了变换电源技术，

以追求电源装置的高频、高效、高密度、低压、大电流和多元化发展。它借助算法等，通过合理选择使用电气电子元器件和相关拓扑变换电路，应用各种控制理论和专门设计技术，高效、实用、可靠地把能得到的电源变为所需要的电源，以满足不同的负载要求。

与电源发展相关的技术包括高频变换技术、变频调速技术、功率转换技术、电磁兼容技术、保护技术（本身与负载的安全技术）、数字控制技术、同步整流技术、高智能化技术、智能监测技术、智能化充电技术（包括无线充电、低感量充电等）、集成化技术、网络技术、驱动技术，以及各种协议（例如融合快充标准）等。

在不间断的电力供应下，智能设备获取的信息量和产生的数据量呈几何级指数增长。

根据不同的场景和应用目的，有些数据需要在端侧实现计算，例如摄影摄像，有些数据需要传至边缘计算再反馈至终端使用，例如，视觉任务、视频监控等，而有些数据经过边缘计算后传入云计算中心，有些数据更是会直接传送到云计算中心安全。

这些数据不仅涉及隐私信息，也涉及信息的可信与可用。因此，信息安全需要构建云边端协同的安全保护框架。

具体到信息流转上，在信息采集阶段，需要通过可信生物特征验证、虚拟化隔离、差分隐私、无感身份识别等技术，打造芯片和传感器安全，构建零信任安全架构，实现终端设备的信息安全。

在信息存储阶段，使用端到端的加解密技术、文件分块加密存储、虚拟化隔离技术、隐私计算技术等保障存储的安全，通过机器学习与神经网络技术实现漏洞弥补，并通过区块链、多重认证等方式进行防篡改。

在信息传输阶段，通过各种安全架构——例如，5G 的物理层安全、切片安全、Wi-Fi 安全等，实现多模态信任的网络内生安全。

在信息处理阶段，需要打造云边端结合的统一风控能力，通过联邦学习、隐私增强计算、同态加密、多方安全计算等方式，实现应用安全加固与应用的安全监测。

在信息应用阶段，主要以应用安全为主，包括账号安全、芯片密钥保护增强、匿名隐私保护等技术。

通信与组网能力同样是信息的基础技术之一。通信不仅实现了端与端、端与云之间的连接，也支撑连接之上的信息流转。

通信可以分为两类，分别是由运营商搭建运营的通信网络（以蜂窝网络为主），以及非授权频谱网络（广域通信网络和局域通信网络）。其中，广域网络凭借其低成本、易部署、可私有化等特性，成为授权频谱网络的重要补充；局域网络包括以超宽带为代表的超宽带网络，以 Wi-Fi 为代表的宽带网络，以及以蓝牙、Zigbee 为代表的窄带网络，局域通信网络主要应用于室内连接和人与人之间的近距离连接。

通过芯片、协议的组合优化，结合通感一体化、多通信技术综合应用等技术打造的通信芯片，能够实现提升传输速率并降低时延，进而降低芯片运算的功耗。

通过异构组网框架、云边端协同等方式实现异构基础连接及智能协同，并在更多设备发现能力的支持下，整合优化各连接协议（例如 Matter 协议），实现多设备部署与组网。同时，基于人工智能的多模态编解码（例如，感知编码、ROI 编码、低时延编码），也极大提升了沉浸式媒体（例如 XR）的用户体验。

数据是信息的载体，信息是数据的呈现和内涵。在智能时代，数据已经不再单纯特指结构化数据，还包括视、音、图、文和空间信息等多模态信息的非结构化数据。在云计算和人工智能的帮助下，数据的价值才能被高效挖掘。

从数据的获取与生成角度来看，云计算有 3 条发展路径。

第一条发展路径是从互联网发展而来，出于互联网自身业务性质，自生信息大规模增长，互联网厂商的业务对算力的要求提升，端侧算力不足以支撑，自身又不会贸然进入硬件领域，此时，云计算成为必选，对云计算的利用率与软件技术水平也足以支持自建云计算。

第二条发展路径是从通信运营商和设备商发展而来，这两者占据硬件资源优势，且同样具有数据获取能力（虽然并不具有数据所有权），云计算发展成为在网络服务之外的新业务。

第三条发展路径是从垂直领域发展而来，有基于硬件的，例如手机厂商建立的个人云，也有基于工具型软件优势的，例如软件管理工具建立的企业云。

对于第一条发展路径而言，大多是先服务于自身业务，最终延伸至向更多企业提供云服务。例如，电商平台的云平台，先服务于自身平台上的商家，然后逐步将云能力独立出来，服务于更多企业。因此，由基础设施即服务（Infrastructure as a Service，IaaS）层向 PaaS 和软件即服务（Software as a Service，SaaS）层过渡的可能性更大。而对于第二条发展路径形成的云计算而言，仍会以 IaaS 为主；第三条发展路径的云计算会以整体解决方案为主。

从技术层面来看，云计算围绕算力提升展开，因此，异构服务器和图形处理器的负载量的布局成为重点。此外，"一站式"开发者服务也多在 SaaS 上呈现，向开发者提供用户数据分析体系、自动化数据治理方案、实时服务治理框架等服务，以及超大规模的代码依赖管理、分布式编译与共享缓存等技术，以提升开发者的低代码和多场景分析能力。

从数据价值的生成与挖掘的角度来看，人工智能的重要性不言而喻。

人工智能技术主要集中于自然语言处理、机器学习、知识图谱、生物特征识别、计算机视觉和人机交互的 6 个方向。

机器学习是人工智能技术的核心，主要研究计算机模拟或实现人类的学习行为，以获取新的知识或技能，重新组织已有的知识结构使其不断改善自身的性能。机器学习主要有传统机器学习、监督学习、无监督学习、强化学习、深度学习（神经网络）等方式，一般使用迁移学习、主动学习、演化学习等算法来实现。

自然语言处理能实现人与计算机之间用自然语言进行有效通信，主要有机器翻译、语义理解、问答系统3个方向。

知识图谱本质上是结构化的语义知识库，是一种由节点和边组成的图数据结构，以符号形式描述物理世界中的概念及其相互关系，需要用到异常分析、静态分析、动态分析等数据挖掘方法。

生物特征识别是通过个体生理特征或行为特征对个体身份进行识别认证的技术，面向语音（声纹）、指纹、人脸、步态、虹膜、指静脉等生理方向。

计算机视觉是使用计算机模仿人类视觉系统的科学，让计算机拥有类似人类提取、处理、理解和分析图像以及图像序列的能力，主要包括图像理解、计算成像、动态视觉、三维视觉，以及视频编解码。

人机交互是人和计算机之间的信息交换，主要包括人到计算机和计算机到人这两个部分的信息交换，例如，语音交互、情感交互、体感交互、脑机交互等，是人工智能领域的重要的外围技术。

人工智能的发展主要是模型的发展，即从判别决策式人工智能到生成式人工智能再到类脑式人工智能。

判别决策式人工智能根据已有数据进行分析、判断、预测，主要应用于推荐系统和风控系统的辅助决策，以及自动驾驶和机器人的决策智能体。

生成式人工智能通过从数据要素中学习，进而生成全新的、原创的内容或产品，这不仅能够实现传统人工智能的分析、判断、决策功能，还能够实现传统人工智能力所不及的创造性功能。但生成式人工智能主要利用已有数据，更像是"归纳"，尚欠缺"演绎"的能力。

要使机器真正具备如人一样的"演绎"能力，可能需要类脑式人工智能，通过模拟大脑神经运营机制和认知行为机制，基于少量数据即可实现创新及对未来的判断。

信息的基础技术支撑着信息技术的发展，然而，信息技术是个体系，除基础技术，还需要面向不同场景的软硬件技术来共同构建。只有这样，信息技术才能真正推动经济社会的发展。

Tips：

- 电力的保障、安全的建立、无处不在的通信与组网、按需使用的云计算、自动化与智能化的人工智能，共同构建起信息技术的基石。

- 既然是基石，那么这些技术就不会立即产生显性价值，更多情况下扮演成本中心角色。如果想实现 $V/C>1$ 的结果，可以把它们作为工具，帮助其他企业实现价值生产与效率提升。对于提供智能化产品和应用的企业来说，例如自建基础技术，则需要在其他方向提升当前的 V（例如提升当前产品和应用矩阵的连接体验），或打造未来的 V（例如产品和应用更加智能，以实现用户无感体验）。

3. 硬技术是信息技术的骨架

在信息技术中，硬件技术贯穿整个信息流转过程，它提供了计算和数据存储的基本能力，为软件运行和数据处理提供支持，决定了整个信息技术系统的性能、稳定性和可扩展性。

硬件技术的不断发展使信息设备变得更小型化、更强大和更高效，处理器的核心数量和频率不断增加，存储设备的容量不断扩大，网络设备的速度不断提升。人工智能芯片和量子计算机等新兴硬件技术也将持续发展，以满足越来越复杂的计算需求和处理大规模数据的挑战，并支持更复杂和高性能的应用。

随着物联网、边缘计算和移动设备的成熟，硬件技术将越来越注重节能（降低功耗，以使续航更为持久，或在相同能源消耗下，处理更多信息）和便携性。同时，硬件技术也将与软件技术相互融合，例如通过硬件加速和定制化硬件来提高软件的运行效率和性能。

硬件对于"信息采集"极为重要，在采集阶段，传感器和摄像头组件是硬件技术的重要组成部分。

传感器和摄像头均是通过接收被测量的信息，按一定规律变换成电信号或其他方式的信息输出，以满足信息的传输、处理、存储、显示、记录和控制等要求。

对于传感器而言，传感材料、微机电系统芯片、驱动和应用软件是其核心技术。传感器可以看作人体五官的外延，只不过人体感官只能根据主观感受描述，传感器则可以进行数据描述。根据获取信息不同，传感器分为生物、声光电热磁、空间等类型。在多模态信息采集和情景感知的要求下，传感器向着小 / 微型化、网络化、数字化、智能化、集成化、态势感知与信息融合、低功耗、高灵敏度和低成本的方向发展。

对于摄像头来说，需要实现拍照摄影、信息捕捉与分析、视觉交互等功能。摄像头主要包括光学镜头、图像传感器、音圈马达，以及红外滤光片、基座、被动组件、基板、软板等其他辅助原材料。其工作原理在于外部环境光线通过镜头，经过滤光片滤除红外线，将可见光部分投射到图像传感器，光信号通过光电二极管转换成电信号，然后通过模数转换电路将获得的模拟信号转换成数字信号，并对信号进行初步处理后输出。随着对获取图像的要求不断提升，更高的分辨率、更佳的图像质量和更高的帧率成为摄像头的发展方向。

信息存储主要是将数据保存在介质中以备后续访问和处理，因此，存储中的硬件技术涉及硬盘驱动器、固态驱动器、光盘和闪存等设备。

在此方向对于硬件技术的要求。一是不断增加存储容量，例如硬盘驱动器和固态驱动器的容量不断扩大。二是存储介质的进步，例如闪存技术的发展，可以提供更快的读写速度和更高的可靠性。三是不断提升芯片的存算效率，例如存算一体化的发展，新内存计算架构（例如 Chiplet）的搭建。

信息传输的硬件包括网络设备、通信设备和电缆等。

随着光纤通信技术的进步，可以提供更快的传输速度和更大的带宽。而高速低功耗的近场传输芯片和通信技术的改进，提供了更快速、更稳定和更广覆盖的无线传输能力，提升了信息传输效率。

信息处理方面的硬件技术，以芯片为代表，涉及对信息 / 数据进行计算、分析、转换和处理。

围绕芯片，软硬芯垂直整合成为确定性方向（例如在芯片上进行算法硬化），以实现基于芯片算力模型的软硬件的资源调度，最终实现全链路的优化打造。

在此过程中，需要基于实现目标的不同，对芯片进行定制化开发，例如，定制算法、算力调度、构建适合的计算框架、实现高性能异构计算等。当然，有时也需要借助云平台的能力，进行多子系统联合调优。

随着性能的提升，例如，更多的核心和更高的时钟频率，芯片可以支持更复杂和更高效的计算任务。通过人工智能的支撑，新型芯片也可以加速特定的计算任务。

在信息应用上，涉及将数据和信息应用于实际的业务和应用场景中，此阶段的硬件技术与设备相关，例如，用户界面设备和交互设备等。

这些设备需要具备健康、安全、便携、长时续航和个性化的特点，能够提供更直观和沉浸式的用户交互体验，例如，触摸屏、XR 设备、可穿戴设备等。因此，新材料、新工艺、新形态是重中之重，复合材料的应用降低了重量，散热材料的升级提升了续航，柔性屏的推广实现了设备新形态等。

Tips：

- 硬件建立起信息技术的骨架，硬件技术支撑了信息技术的快速发展。

- 信息流转的前 4 个阶段，只是信息技术内部的发展要求。在信息应用阶段，信息技术制定了标准，只有符合这种标准的实体产品才能够实现信息化，同时不断升级硬件水平，通过工程化，以更低的成本，带来更大的 V，推动 V/C 不断发展。

4. 软件技术是信息技术的灵魂

只有基础技术和硬件技术并不能实现信息技术所赋能的各个场景的目标，还需要依靠软件技术。

软件技术通过编程和算法设计，实现了对硬件系统的控制和指令。它决定了智能设备如何运行、应用如何实现功能，并提供了用户与设备之间的交互界面。

软件技术的发展推动了应用软件的创新和功能的丰富化，使智能设备可以执行各种任务，例如，图像处理、语音识别、数据分析、人工智能等。软件技术的不断改进也提高了系统的稳定性、安全性和易用性。

开源软件和云原生技术将推动软件开发模式的变革，开发者将更多地采用开源工具和平台，以提高软件的可重用性、可扩展性和协作性。未来，软件技术将继续朝着更智能化、更灵活和更安全的方向发展。

与硬件技术相同，软件技术也贯穿于信息流转全程。

在信息采集方面，多维度多模态信息整合技术至关重要。

通过传感器、摄像头等硬件采集而来的信息极其庞大，跨越了时间和空间。即使单看一个模态的信息，例如，图片信息、视频信息等，角度和重点不同，其含有的特征也不尽相同。再例如声音信息，音源的差异、声纹的差异，也会带来不一样的特征信息。

因此，多维多模态信息整合技术首先要做的是，整合单一模态中的多特征信息，进而将抽取自不同模态的信息整合成一个稳定的多模态表征。通过整合后的信息，可以获得更加全面准确的信息判断，以增强系统的可靠性和容错性，从而可以更好地进行决策。当然，信息整合还面临很多问题，例如，信息噪声的消除、动态信息的极速处理、对不同周期信息的配对等。

在信息存储方面，以提升效率为目标的多级内存管理技术、动态内存管理技术是关键的软件技术。

多级内存管理技术可以根据数据的访问频率和重要性，将数据存储在不同层次的存储介质上，以提高存储效率和性能。在此方面，需要根据场景定义高速缓冲存储器（Cache）规格，来构建高速缓冲存储器的管理方案，并以此提升 Pagesize[1]。动态内存管理技术的主要目的在于有效地利用资源。因此，必须

1　Pagesize：页面大小或页面记录数，在计算机虚拟内存的概念中是一个表示用于控制每页显示数量的参数。

在运行时动态地分配所需内存，并在使用完毕后尽早释放不需要的内存。

在信息传输方面，重点在于多模态编解码、无线传输效率提升技术和系统层的设备连接优化技术。

多模态编解码技术将一个模态映射到另一个模态，以实现对不同类型的数据进行有效的压缩和解压缩，从而提高传输效率和降低带宽。

无线传输效率提升技术通过实现超级信号覆盖，减少传输信号时的失真和干扰，以提高无线通信的速度和信道容量，从而满足日益增长的数据传输需求。

系统层的设备间连接优化技术包括连接协议优化、硬件设备虚拟化、多连接方式融合等技术，可以优化设备之间的连接和通信，以实现多设备之间的无感发现、即时连接，并提高各设备之间的信息传输效率和稳定性。

在信息处理方面，在人工智能技术的支持下，需要通过软件技术处理采集而来的大规模多模态信息，例如，多模态融合技术、智能推荐与分发技术、图形渲染技术、全链路 HDR 技术、空间信息处理技术、高性能计算技术等。

多模态融合技术一般通过联合架构和协同架构来实现，其中，联合架构将单模态表示投影到一个共享语义子空间中，以便能够融合多模态特征。在协同架构中，应用跨模态相似模型和典型相关分析来寻求协调子空间中模态间的关联关系，该技术可以将来自不同模态的数据进行融合和分析，提供更全面、准确的信息。

智能推荐与分发技术，基于对场景和多模态信息内容的理解，实现自动化标签处理，通过分析用户的兴趣和行为，向用户提供不同场景下个性化的多模态信息内容。

图形渲染技术可以达到逼真的视觉效果，实现真实感渲染、深度多视角渲染、XR 内容渲染，例如提供更好的用户体验。因此，技术人员需要根据不同需求和目的使用不同的渲染方式，例如，追求渲染速度，要求比较强的交互体验，可使用实时渲染；追求渲染质量，不要求实时性和交互性，可使用离线渲染；追求相对较高的渲染质量，也要求实时性的，可使用云渲染。

全链路 HDR 技术实现了超高清视频标准中六大要素（高分辨率、高帧率、宽色域、高位深、高动态范围、全景声音频）的突破，可以在不同环节实现高动态范围的图像和视频处理，提供更好的视觉效果。

空间信息处理技术可以处理和分析地理位置相关的信息，不仅支持地理信息系统和定位服务等应用，还支持虚拟世界的建立，即实体环境在虚拟世界中的镜像生成。

高性能计算技术在多核异构等技术的使用下，可以实现快速、高效的数据处理和计算，支持大规模数据分析和应用，支撑多模态信息处理、图像 / 视频渲染、全链路 HDR、空间计算的发展。

信息应用与信息处理直接相关，是信息通过前 4 个阶段后的最终使用或呈现。

软件技术在这个阶段中的应用，包括但不限于沉浸式显示技术、智能生成技术、智能交互技术、多感官体验提升技术等。这些技术的应用实现了信息应用的外延，例如在精准运营与营销上的使用。

沉浸式显示技术在跨模态预训练、跨模态视觉理解、多模态信息融合的技术支持下，通过 3D 视觉技术的应用，提供了身临其境的虚拟和增强现实体验，拓展了信息的展示方式和用户交互方式。

智能生成技术可以自动生成文本、图像、视频、音频等内容，提高生产效率和创意能力。

智能交互技术包括但不限于语音识别、语音合成、图像识别、自然语言处理、对话管理等技术，改善了人与计算机之间的交互方式，通过更加自然的交互方式，以提供更友好、自然的用户体验。

多感官体验提升技术可以通过融合视觉、听觉、触觉等多种感官，提供丰富、沉浸式的用户体验。

当以上技术应用于精准运营与营销时，在对用户进行精准画像的基础上，应用智能生成技术，创作更加匹配的内容；应用沉浸式显示技术和智能交互技术，提升用户的多感官体验，最终实现用户转化率和 ARPU 的提升。

随着人工智能技术的深入应用，庞大信息对算力的需求，以及用户体验要求的进一步提升，软件技术将迈向更加智能化、更加云化、更加安全可靠、更靠近用户中心化。这些技术的发展也将为我们提供更多机会，带来更大挑战，从而推动社会和经济的发展。

Tips:

- 软件技术是信息技术的灵魂，各种软件技术的不断发展使信息技术逐渐成为经济社会发展的必备。

- 软件技术在信息流转中环环相扣，相互支撑。

- 软件技术既是信息技术的灵魂，也是其他产品和服务智能化的推动力。在软件技术的加持下，智能化产品和服务能提供更高的价值，最终实现对传统价值的超越。

5. 将信息技术融于一体的游戏技术

信息技术的发展与游戏相伴相生，为了提升游戏体验，硬件技术、软件技术、基础技术需要相互支撑与协同。于是，新的信息技术出现后，经常会率先应用在游戏上。由于游戏聚合了各种模态，可以看成加入了交互能力的视频，包括人机交互和游戏中的人与人交互，因此游戏成为信息技术的集合。

价值观、玩法和技术是游戏的 3 个基本要素，其中，价值观是游戏的内核，玩法是游戏在自己的世界中所制定的规则，技术支撑着规则的实现和价值的传递。

可以看出，游戏与社会运转极其类似，因此，游戏中的道具和工具来源于社会，游戏在虚拟空间的创新，也会牵引现实中产品和服务的发展。另外，不断提升用户的体验需求，会对信息技术提出更高的要求。

在交互上，游戏要求用户能够与游戏环境和角色进行有效的互动，推动或率先应用语音识别、手势识别、触摸屏、运动感应等技术，以实现用户与游戏之间的自然交互。

在内容制作上，游戏需要使用多种信息技术来创建游戏的世界、角色、场景和任务等。这些技术包括游戏引擎和开发工具（引擎技术对数字孪生、虚拟仿真、智慧工业、数字文保等领域的发展也有极强的推动作用）、图形设计技术（包括建模、渲染、贴图等，用于创造游戏中的角色、物体、场景和特效，例如数字人的建模）、物理模拟技术（模拟游戏中各种物理规则和现象，使游戏中的物体表现出真实的行为，其中，空间计算至关重要）、动画技术（用于创造游戏角色和物体的动作和运动，包括骨骼动画、蒙皮动画等，当然，动画技术与人工智能相互结合，最终有了智能驱动，使数字人可以在虚拟空间中"动"起来）。

在内容传输上，为实现在线游戏、多人游戏等功能，需要能够支撑起实时海量多元交互的网络社会运行。这些要求不仅需要广连接、大带宽、实时在线、低时延的通信技术支持，同时，也需要云计算技术的支持。

在内容呈现上，主要是对极致视听体验的提升。图形渲染技术可以实现游戏中的图像显示和特效，包括光照、阴影、纹理等。音频处理技术提供游戏中的声音效果，包括背景音乐、音效、语音通信等。虚拟现实和增强现实技术提供沉浸式的游戏体验。

在游戏运行中，对性能、功耗热、稳定性和用户体验等的要求，推动着硬件技术和底层操作软件不断向前发展。

游戏化的思维方式和设计原则可以激发人们的兴趣，提高学习效果，改善用户体验，增强用户参与度等。另外，随着音、文、图、视的信息模态进阶，信息含量也越来越多，产生于游戏的交互技术也将推动视频更上一个台阶，成为视频的新形式——交互视频。

当前，游戏技术的创新和发展已经开始向其他领域渗透，出现了游戏化的概念。游戏技术在教育、培训、健康、营销等领域都有着广泛的应用。游戏对人、物、环境的打造，对交互的应用，对规则的建立，也已经成为元宇宙的雏形。

随着图形渲染、人工智能、虚拟现实、云游戏、人机交互、空间计算等技术的不断进步和创新，游戏将呈现更加逼真、沉浸和具有高度社交性的体验，游戏技术的泛化应用也将成为未来的发展趋势。

Tips：

- 游戏作为信息技术的集合，通过不断提升游戏体验需求，推动硬件技术、软件技术和基础技术的发展。

- 游戏中的交互技术、内容制作技术、内容传输技术、内容呈现技术等都在不断推动信息技术的发展和创新。

- 游戏技术的创新和应用已经开始向其他领域渗透，游戏化思维方式和设计原则也在激发人们兴趣、提高学习效果、改善用户体验等方面发挥着作用。

- 随着技术的不断进步和创新，游戏将呈现更加逼真、沉浸和具有高度社交性的体验，游戏技术的泛化应用也将成为未来的发展趋势。

第八章

接地气的战略
制定与执行

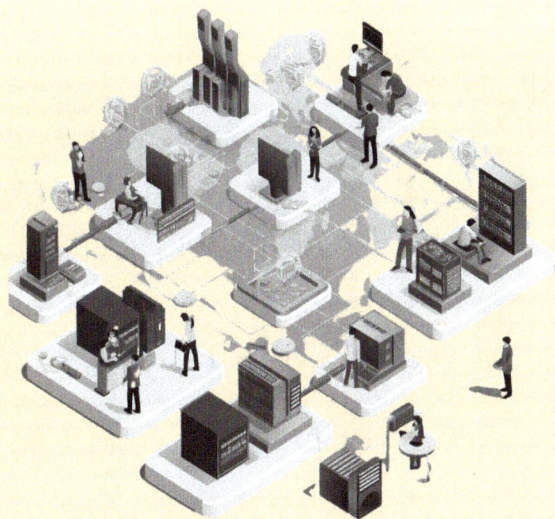

实践中，每个基本的管理决策都是一种长期决策。如今，10年已经算是相当短的时间跨度了。无论是做研发还是新建工厂，设计新营销组织还是新产品，每项重大管理决策的结果都需要经过很长的时间才能显现出来，且其必须富有成效才能收回在人员和资金方面的投入。因此，管理者需要立足于系统性的基础，善于做出长期决策。需要管理层平衡短期和长期目标，并确保这些难以履行的责任不被忽略。

长期计划的思想及其大部分实践建立在大量误解上。实际上，短期计划与长期计划一样，都需要战略决策。长期计划的状况在很大程度上由短期计划塑造。除非长期计划融入和基于短期计划与决策，否则精心制定的长期计划也将会徒劳无功。反之，除非短期计划，也就是此时此地的决策被整合进统一的长期行动计划，否则就会沦为权宜之计和无端猜测，必然造成决策误导。

—— 彼得·德鲁克

> 管理大师彼得·德鲁克一直强调，战略对企业发展具有极其重要的作用。一个明确、有效的战略能帮助企业确定目标、分析外部环境、优化资源配置、促进组织协调以及管理风险，为企业实现可持续发展奠定坚实基础。同时，企业的战略需要以价值为基础，并指导价值

的创造，而价值的变化也需要战略做出相应的调整。只有这两者紧密结合，企业才能在竞争激烈的市场环境中取得成功。

对很多人来说，战略好像离自己很远。其实，它就在我们的工作和生活中。对于个人而言，自己的成长规划、职业规划同样是战略。对于企业而言，战略至关重要，它不仅需要明确企业提供什么价值，如何提供价值，还需要明确实现这些价值的代价是什么。因此，我们看到，战略其实是 $D=V/C$ 的细化，通过保障战略的落实，来实现企业的发展。

战略是直接影响企业能否持续发展和持续盈利最重要的决策参照，战略也是根据外部环境和内部经营要素确定企业目标，并使企业使命最终得以实现的一个动态过程。其中，企业使命是企业要实现的价值，内部经营要素的重点在于评估企业可以投入的资源，即成本。

很多企业，尤其民营企业，对战略的认识和理解还不够深入。既没能通过战略明确方向，制定风险备案，也没有通过战略明确目标，并使用目标来管理组织，即战略没有形成闭环。究其原因，在于这些企业更关注短期价值，忽视或没有想清楚中长期价值，以及短、中、长期价值之间的关系。

这种关系的理想状态是，短、中、长期价值三者之间按照一定的逻辑形成。在这种情况下，所积累的资源可以被最大化地使用，从而以低成本实现短、中、长期价值。大多数企业在制定战略时，也确实如此考虑。然而，由于企业对自身资源盲目信任，认为对资源把控能力强、可持续投入新方向、自有资源可以支持多点开花等，对短、中、长期价值的实现产生了一些不切实际的想法。当短期价值的实现遇到阻碍时，就不会再考虑中、长期价值了，或者中、长期价值方向会随着短期价值的实现随时发生变化。

大型企业的战略方向相对稳定的主要原因在于，其本身能够控制的资源规模足够大，短期价值方向稳定，延伸出的中、长期价值方向比较明确。即使出现收缩，也是收缩非核心业务，不影响核心业务及与核心业务相关性极强的业务。但对于中小型企业而言，战略持续能力却是有限的。首先，短期目标是否能够实现，已经存在问题，难以考虑中、长期价值的战略方向。其次，中小型企业的资源已经耗费在短期价值的实现上，难以支撑新业务的扩展。话虽如此，但中小型企业真的不需要战略了吗？答案是否定的。只有战略规划，才能扶持中小企业成长为大型企业。

事实上，评估战略的好坏是很难的，因为战略制定的过程是从上到下思想统一的过程，它不是流程，也不由方法论主导。

战略的制定依靠决策层的经验、智慧和决策力，以及决策层不变的初心和坚定的决心。同时，战略的落地执行，需要所有人对战略的认知和理解。有时即使所有人都对战略有一定的认知和理解，但在执行的过程中还会出现各种各样的问题，导致战略执行结果出现偏差。更何况有些企业把战略作为商业机密，只有小范围的人才了解，执行者只知道分解的任务，而不清楚任务的目标及任务需要担负的责任。这样的战略作用甚微。

简单来说，战略是站在当前的位置，确定未来的目标，找出从当前位置到未来目标的路径，并考虑手中可掌控的资源后，形成相应的策略。

我们看到的很多战略管理工具箱和战略模型，例如业务领导力模型等，均是战略制定的流程、方法和逻辑，而不是战略内容。很多企业认为掌握各种模型和方法，就能够制定战略，但在战略制定后并没有获得相应的效果。由此可见，战略最关键的事项在于目标的制定和策略的构建。

很多情况下，目标的制定会出现问题。例如，目标不是太宏观（只有总收入目标），就是太虚幻（无法定量化），或者没有体系化（只有一个或几个相互无关的目标）。因此，当目标不清晰时，目标引导的路径和策略的合理性就无从谈起。

为什么会出现这些问题呢？原因在于只有战略的"皮毛"——按照流程和方法论建立起表面的战略，而忽视了战略的核心——企业到底要给经济社会和客户带来什么价值。

1. 定位！战略核心：明确 $D=V/C$ 中的 V，以及企业在 PCP 模型中的角色

战略起始于定位，并围绕定位展开。看企业外部，对外定位决定了其在市场中的角色，根据自身定位（例如品牌定位），确定自己要向社会提供的价值，基于价值确定周边的竞争与合作。企业内部的各个部分都有其明确定位。只有定位明晰，各部分才能相互协同与相互支撑。

定位是企业、团队、个人乃至市场中的产品，需要担负的职责和能够提供的价值。同时，定位规范出各个角色的边界，在此边界下，实现价值突破。

战略目标设定不清晰，其原因可能在于对未来的定位不清晰，未能划定边界。例如，用某个行业未来整体发展的规模数据就确定进入该行业，会出现极大误判的概率。要知道，一个行业产业链上的每个部分就构成一个领域。行业整体的发展规模与速度，并不能代表产业链中每个部分的发展情况。

例如，2018—2020 年，我国数字内容产业年复合增长率为 9.33%，高于同期我国 GDP 增幅。2023 年，我国规模以上文化企业实现营业收入突破 90000 亿元，文化新业态行业（数字出版、互联网搜索服务、互联网文化娱乐平台、多媒体游戏动漫等）营业收入增长的贡献率为 74.3%。很多企业看到这样的数据，会带着资源进入数字内容行业，希望打造企业的第二增长曲线。数字

内容行业不仅包括视、音、书、漫、游几大主要领域，还包括从生产到发行，从广告到营销等产业链。即便能够占据其中的某个市场，其规模未必能够支撑起企业发展的第二增长曲线。

当然，整体数据反映了未来的市场空间，如果能及早切入，容易占据先发优势，也可以更快地辐射到相关领域。但是切入点是什么？自身手中的资源是否可以匹配这个切入点？明确了切入点，又如何进行延展？如果这些问题不论证清晰，那么很难实现真正的突破。

这里的切入点，就是企业对未来的定位点。这个定位最好是在原有定位上进行延伸，如果重新定位，则必须在需要提供的价值、资源的储备和应用、人员的构成等方面做出极大的调整。因此，如果企业要进入一个新的领域，需要通过全盘审视后，进行评估，才能找准未来定位。

企业的核心定位，通过愿景、使命和价值观来表述。它们是企业或组织中表示其发展目标和愿景的 3 个概念，不管是企业整体规划，还是企业部门规划，都需要围绕它们来制定。

愿景是企业为社会带来的价值，回答了"为什么做"的问题。可以说它代表了企业在社会中的定位。它既是企业或组织的长远发展目标，也是企业或组织未来的发展方向。

使命是企业具体要做的事情，回答了"做什么"的问题。它也能在一定程度上代表企业在行业中的定位，它既是组织追求的目标，也是组织在当前和未来的竞争优势。

价值观则是实现定位的核心依赖，回答了"怎么做"的问题。

它是企业或组织内部的一些基本行为准则，例如诚信、客户优先、创新等。

例如，某公司的愿景是"丰富人们的沟通和生活"，使命是"聚焦客户关注的挑战和压力，提供有竞争力的通信解决方案和服务，持续为客户创造最大价值"。可以看出，这家公司的社会定位在于"沟通和生活"，其社会价值在于"丰富"。虽然"沟通"的参与者众多，形式多种多样——社交、点播、广播、直播，"生活"的丰富性更甚于"沟通"。但是，无论如何，愿景已经圈定了范围，给出了企业的社会定位。

既然要做"沟通和生活"的事情，提供这方面的价值，那么，使命中就要明确提出做法，即为客户"提供有竞争力的通信解决方案和服务"，客户可以是企业，同样也可以是个人。因此，关注该公司的成长路径，可以发现，其从电信设备商到个人电子消费品，从全屋智能的封闭空间到出行的车内空间，无一不是围绕"丰富人们的沟通和生活"展开的。

因此，愿景和使命是企业或组织在长期发展中形成的观念和方向，它们之间存在着一定的关系。愿景明确了企业或组织未来的发展方向和目标，明确了企业或组织未来在市场中的竞争优势，也确定了使命和价值观实现的方向和原则。使命则是明确了企业或组织追求的目标与方式，为价值观提供了实现方向和依据，提出了组织内部的基本原则，并由价值观来落地实施。

公司基于愿景和使命形成业务组合。或者说，公司的业务组合需要由愿景和使命来牵引。对于公司的业务组合，基本分为核心业务、成长业务和孵化业务。企业定位与业务组合之间的关系如图 8-1 所示。

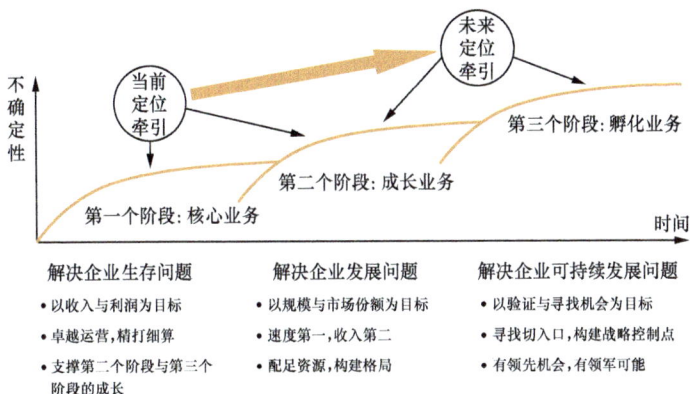

图 8-1　企业定位与业务组合之间的关系

在业务组合中，需要明确战略控制点。战略控制点支撑了各类业务的发展，是各类业务的核心能力，以建立企业"护城河"为基础，最终实现行业领先，成为行业标杆。于是，战略控制点在定位中表现为核心竞争力。战略控制点的根本是资源的有效利用，因此，战略控制点是一个内部相互关联的体系，可延续、可扩展、可收缩。但无论如何，不能随心所欲地设定战略控制点。

战略是选择，从定位到业务组合再到战略控制点，每一步都需要进行选择，而选择的依据，则来自战略洞察。

✎ Tips：

- 定位极为重要，它规范出企业、组织、个人的行为边界。在 $D=V/C$ 中，V 的方向由定位来确定。定位不清晰，会

导致 V 的泛化，最终降低 V/C 的比值。

- 定位之下才是目标，未来定位决定未来目标。没有定位的目标是假目标。只有未来定位与目标明确，战略才具有落地执行的可能。

- 企业在社会中的定位体现在愿景上，因此，若定位不发生变化，愿景不会改变。使命承接愿景，如果使命发生变化，则预示着行业中的定位可能会发生变化，因此，使命也不应频繁地发生变化。而对于价值观来说，需要支撑使命的实现。

- 一家企业只能有一个愿景、一个使命、一组价值观。即使企业中的各单位（例如，事业部、子公司、分公司等）要提自己的愿景、使命、价值观，那也是描述在组织中的定位，而不能偏离企业的整体决策，即各部门的描述只是分解，而不是补充，不是延展，更不是推倒重来。

- 战略的三位一体：定位—业务组合—战略控制点。三者逐步收敛并具象化，最终可落地实施。

2. "五看"（宏观／行业／竞争／客户／自己）：明确价值生产，挖掘机会点

在战略中，定位是根本，要找到定位，必然需要经过战略洞察的论证。战略洞察，既是一个不断收敛的过程，也是一个

不断挖掘和清晰机会点的过程。挖掘出机会点，企业未来的定位就会变得清晰。因此，战略洞察需要时时进行，而不是只在战略规划中得以体现。

战略洞察的"五看"既有外视，又有内视。"五看"的目的在于发现支撑企业未来发展的机会，通过洞察挖掘足够多的新机会来支撑企业战略目标的实现，因此，需要在复杂系统中总结规律，在不确定性中寻找确定性。"五看"之间的关系如图 8-2 所示。

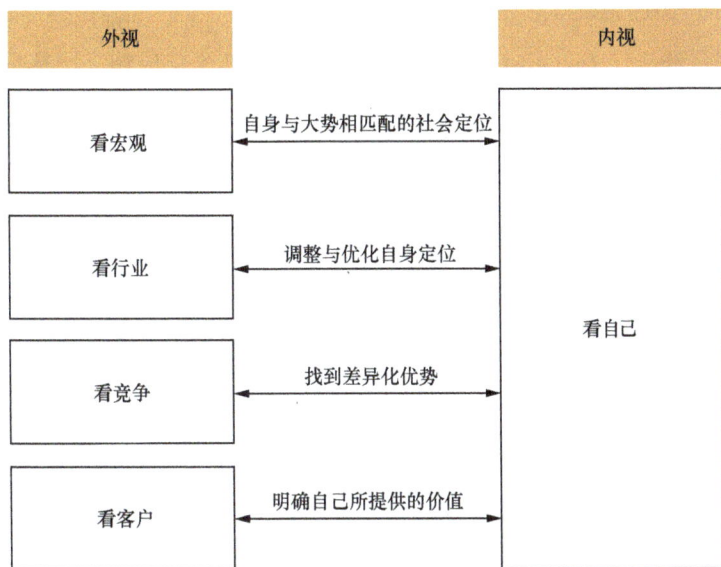

图 8-2 "五看"之间的关系

一看宏观。它的作用在于识势、定势、取势，在洞察中识别大环境的趋势如何演变，确定要进入什么"势"中，要在"势"中夺取什么样的位置，从而可以站在"风口"之上。看的方向主要包括宏观环境分析模型（Politics，Economy，Society，Technology，PEST）中的四大要素。

政策（Politics）即国家战略，包括指导思想、目标、路径和策略，因此需要从上到下分析，在分析中要找到重点发展的方向、执行单位、执行方式等，也要看到需要避免的事项。

经济（Economy）涉及 GDP、恩格尔系数、经济拉动方式、社会投资情况、债务情况、群体收入 / 储蓄 / 消费等，还涉及国家战略方向有关基建产品的生产情况，例如能源、物流、通信等。

社会（Society）可以划分为国内外关系、环境和人口情况，从而分析社会整体认知和发展方向。

技术（Technology）需要综合考虑基建技术的发展情况、供应链技术的发展情况和信息技术的发展情况。

PEST 中的四大要素需要从顶层逐步拆解，顶层看方向，细分（例如地域）看执行。同时，四者既相互关联，又互相影响，例如，人口变迁不仅会影响政策制定，也会影响经济发展趋势；政策会影响地域布局和经济发展方向；能够影响经济的还包括技术发展；而经济也会反作用于政策和技术。因此，四者需要综合分析，共同判断发展趋势。

二看行业。可以看自己本身所在行业——确定自身未来发展路径（针对短中期，例如，向产业链上下游扩展或收缩），也可以看要起势的行业（针对未来，选择进入或规避）。

首先，看行业的整体规模，判断行业发展潜力。随着技术的发展与应用，行业划分更加细致和专业，产业链上下游的定位越发清晰，联系更加紧密。行业分布情况如图 8-3 所示。

吃 生鲜 饮料 食品 餐饮 酒类	穿 服装纺织	住 房地产 家居 物业管理	用 家电 手机 智能硬件 生活服务 无人机 VR/AR 玩具 机器人	行 汽车 摩托车 新能源汽车	陪伴 社交 母婴 教育 养老 宠物	娱乐 休闲娱乐 内容产业 直播 影视 游戏 音乐 动漫 视频 阅读	健康 医疗服务 医疗美容 体育运动	金融 银行 支付 保险 租赁 征信 券商 资产管理	环境 大气 水处理 垃圾处理 危废处理 再生资源 环保服务 环境监测 土壤修复	信息 推动 无人驾驶 3D 技术 区块链
商业支撑		电商　连锁　时尚　零售　广告　营销					基因技术	金融科技		互联网＋ 物联网 O2O
物流支持			物流　快递　仓储　交通运输							
供应链	企业服务 人力资源	装备机械 电机电控 五金机械 仪器仪表	新材料 LED 电池 无线充电	光电技术 电子元件 半导体	智能制造 工业控制		医疗器械 医药外包	网红经济 版权	轨道交通 检验检测	信息安全 人工智能 量子技术
基础 设施	农业 建筑	石油燃气 煤炭 化工	矿业 钢铁 有色金属	电力 光伏 风电	核能 氢能 储能		航空航天 军工	激光雷达		通信技术 大数据 云服务

图 8-3　行业分布情况

其次，看行业构成和行业中各角色的市场规模占比、各角色的参与者及参与者的发展情况，例如，用行业集中度（Concentration Ratio，CR）来观察行业中某一领域的参与者，如果参与者的集中度欠佳，可能是因为无法集中，或者竞争激烈。如果是前者，则规模即使足够大，但参与者分散，单一的参与者成长速度可能并不快，如果是后者，则该领域有可能是突破口，进而判断行业内价值转移趋势和各角色的发展趋势。

最后，使用波特五力模型进行分析，公司所处行业的供应链、竞争对手、用户需求等。看"竞争对手"重点在于评估潜在的竞争对手，以及可能出现的替代品对手。前者既包括行业内上下游的企业，也包括外部相关行业的颠覆者；替代者大多会跨界而来。不管对于直接 / 间接竞争对手，还是潜在竞争对手、替代竞争对手，其本质都是分析这些企业生产的价值与自己生产的价值是否相同或相近。因此，对行业的分析，需要理解行业发展的本质和底层逻辑，例如，行业向谁提供了什么价值，这些价值如何实现，行业的发展逻辑是怎样的。

三看竞争。竞争分析以"看行业"中所确定的竞争对手为目标，主要聚焦在发现价值转移趋势，并逐渐接近要挖掘的机会点。竞争分析同样也需要从整体到细节的分层分析。

第一是整体情况分析，包括整体经营情况、规模及增长趋势、市场份额、重点用户群体画像、盈利能力等。

第二是竞争对手的经营思路与逻辑，包括定位、所提供的价值、价值生产的解决方案、业务逻辑、业务展开策略等，通过分析竞争对手的经营思路和逻辑，可以判断竞争对手未来的发展方向。

第三是产品和服务，重点分析这些产品和服务提供了什么价值，满足了用户什么需求，通过什么方法来满足需求。

第四是竞争对手的技术解决方案，重点关注竞争对手在价值生产中的技术应用与成本支出，并通过分析技术，判断竞争对手在价值生产方面的新趋势。

第五是竞争对手的外部表现，包括但不限于品牌、销售能力/渠道、用户关系建立等，以及竞争对手的资源使用情况，例如人力、组织、合作、生态等。

在对竞争对手内部分析后，需要使用优劣势分组（Strengths，Weaknesses，Opportunities，Threats，SWOT）来找到竞争对手和自身的优劣势，逐步明确自身发展的机会点。

总体来说，"看竞争"看的是自身与竞争对手之间在价值生产上的比较，如果价值相同，那就比成本，如果自身成本比较高，那就要求生产的价值更高。因此，这个比较其实是 $D=V/C$ 的比较，在比较中寻找突破口。

四看客户。即价值消费到底是什么。因此，"看客户"的核心在于寻找客户的价值消费。从对客户范围的圈定，到对客户群体的深入了解，再到客户群体的需求挖掘，是分析挖掘客户遇到了什么问题，希望实现什么效果。

另外，客户选择解决方案（即产品和服务）的决策链，以及选择的关键因素都需要将竞争对手和自己能够提供的价值结合在一起分析，并通过分析结果重新审视并确定机会点，以及找到创新方向。

五看自己。这是"五看"中唯一一个内视。同样，需要从 $D=V/C$ 出发，基于企业内部商业流转，看各个部分的运营情况。同时，需要找到弥补与竞争对手之间差距的可能性方案，评估通过"看竞争"和"看客户"之后的机会点与企业内部的资源、能力相关联，并识别出机会点落地的关键障碍，最终形成创新焦点（包括商业模式创新、技术创新、产品创新、服务创新、内部流程创新及文化创新），将其结果（机会点与创新焦点）导入战略的业务设计中，成为业务目标设定的参考依据。"五看"的应用图解如图 8-4 所示。

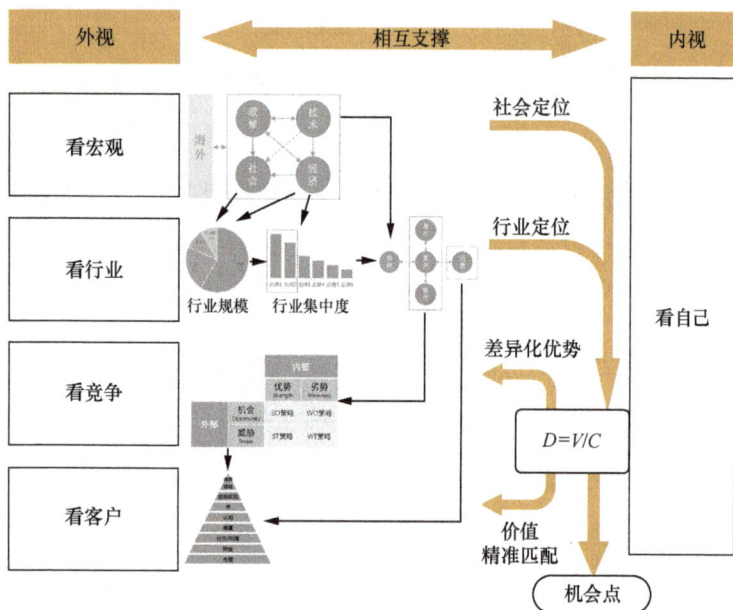

图 8-4 "五看"的应用图解

用"五看"挖掘出的机会点应与业务组合相匹配。核心业务发展的机会点，要解决"如何占据所在领域更多市场份额"的问题，使企业更易生存。发展业务的机会点，要综合企业当前与未来的定位，寻找切入口，指导企业更好地发展。孵化业务的机会点，在于支撑企业未来定位的实现。而当发展业务和孵化业务不清晰时，挖掘机会点也承担着寻找企业未来定位，明确发展业务和孵化业务的责任。

Tips:

- 战略洞察中"看宏观—看行业—看竞争—看客户"是外视。虽然逐渐收敛，但四者之间既相互关联，又相互影响，因此，平衡思考极其重要。

- "看自己"是内视，与"四看"平行，且关系紧密。

- 机会点需要通过内外视相互结合而确定，机会点明确了企业当前和未来定位。基于定位，才能在规划中确定目标。

- 总体来说，机会点具备以下 3 个特征：一是满足客户诉求，与客户的需求极为契合；二是能够帮助客户（无论是 B 端，还是 C 端）实现价值，提高客户的收益；三是与竞争对手相比，具有差异化优势，且这个优势可以成为企业的"护城河"。

3. 定目标—定路径—定策略：明确 V/C 中的 C，围绕目标，制定路线图

经过洞察与评估，若挖掘出业务或技术发展的机会点，就明确了战略的方向。随后的重点工作在于如何推动机会点的实现，这就进入战略的业务设计阶段。

在业务设计阶段，企业的工作主要包括定目标、定路径、定策略、风险管理 4 个方面。其中，目标是核心，路径、策略、风险管理均围绕目标而形成。目标和路径相互关联，目标指导路径的选择和制定，路径即实现目标的过程。

可以看到，"目标"确定结果，"路径"明确过程，"策略"

与"风险管理"作为过程的保障，推动结果实现。因此，业务
设计本身就有"结果导向"的含义，同时也明确了"结果导向"
并非只看结果，也需要关注过程。

战略目标与组织的愿景、使命和价值观一致，同时，目标
是定位之下的业务组合需要在战略周期内实现的预期成果。建
立目标体系见表 8-1。

表 8-1　建立目标体系

业务组合	目标	半年	第一年	第二年	第三年	第四年 第五年
整体	指标1	目标描述方式：				
	指标2	把握××机会，在××方向，实现N的突破。（其中，N为定量化描述）				
H1	指标3					
	指标4	目标描述方式：				
H2	指标5	通过打造/使用××资源（投入成本），形成××能力（实现价值），在与××协同下（重点关联方或其成目标），实现在××方向N的突破。（其中，N为定量化描述）				
	指标6					
H3	指标7					
	指标8					

目标的设定要符合"SMART"原则，即具体明确（Specific）、
可衡量（Measurable）、可达成（Attainable）、有相关性
（Relevant）、有时限（Time-bound）。需要注意的是，目标具备
两个特征：一是目标是体系化的，二是目标是分层次的。体系
化是指目标不是单独一个，而是根据业务组合，形成的一组目
标体系，这组目标体系是实现定位和业务组合的关键节点，且
目标之间相互关联和支撑。层次化是指目标需要按纵向划分，

战略目标作为企业的顶层目标，需要逐级分解至小组或个人；也需要按横向划分，战略目标需要给出每半年或每年的预期成果，例如半年—一年—三年—五年的目标，并需要按半年的发展情况来进行复盘和评估目标的实现程度，即战略滚动。以调整后续目标，或在目标不变的情况下调整后续的战略路径和实现策略。另外，战略目标还需要通过平衡计分卡来进行分解，一般分解为业务、财务、内部运营、组织 4 个方向。

战略路径是为了达成战略目标而制定的、可供选择的行动计划或战略路线，通过设计关键行动路线，带动整个战略的实施，使战略的实施更为简单和更易于执行。其表达形式是"战略行动路线图"或"战略实施计划表"。

战略路径设计的关键在于战略路径的选择。首先需要根据目标，罗列各种战略实施路径，形成初步的战略实施路径清单；其次从实施难度、对目标达成的作用和实施风险 3 个方面对各条战略实施路径进行评价和选择；最后对选中的战略实施路径进行排序，确定战略实施路径的优先顺序。在选择好路径之后，对每一个确定的战略路径制定里程碑计划或阶段控制目标，战略行动里程碑计划是战略计划的框架，以可实现的结果为依据，显示了战略为实现最终目标而必须在阶段中达成的条件或状态。

在制定战略路径的过程中，还需要考虑战略路径实现的策略，以保障战略路径的实施。一是资源投入情况，即资源保障策略，在什么资源情况下，实现什么结果。二是内部相互协同策略，即明确组织内部各部门的定位与职责，建立各部门之间的关系（并不是所有部门都需要冲锋在前，后勤也不是只有人力和财务）。三是需要明确各战略行动的负责部门和责任人，从而确保战略行动的有效执行。四是需要构建战略里程碑考核体系，其考核内容和周期与日常的绩效考核不同，主要是对战略行动各个里程碑目标的完成情况进行考核，考核周期按战略行动关键节点设定。

在制定策略的过程中，需要考虑风险管理事宜。企业面临的风险涉及战略风险、外部风险、运营风险、财务风险等。其中，战略风险包括技术提升或路线变更、商业模式和交易模式的改变等；外部风险包括宏观环境变化、政策变化、法律风险、贸易风险、不可抗力风险等；运营风险包括业务连续性被破坏、安全风险、IP 管理风险等；财务风险包括流动性、融资、利率、信用、汇率等。这些风险带来极大的不确定性，将直接影响战略目标的实现。因此，需要对各类风险进行评估，排列出"高、中、低"级别，并设定风险预警体系，制定风险应对策略。一般的风险应对策略包括利用、规避、分担、减少、承受等。"利用"是指开发具有差异化优势的产品和服务，并在风险之中寻找机会。"规避"可以限制投资组合中风险明显高于其他的部分。"分担"可以制定保险计划来对冲风险。"减少"可以使用内部控制和流程来减少危害的发生。承受措施可以通过平衡价格来对产品和服务重新定价。目标—路径—策略—风险关系说明见表 8-2。

表 8-2　目标－路径－策略－风险关系说明

	半年	第一年	第二年	第三年	第四年	第五年
目标N	××	××	××	××	××	××
实现路径（路线图）	基于目标，确定实现目标需要走的路径					
保障策略	基于路径，形成保障措施					
风险预估	不同路径下可能产生的风险					
风险管理策略	针对不同风险的策略梳理					

Tips:

- 目标是业务设计的核心，是战略洞察的目的、战略分解的对象、战略执行的标准。路径是达成目标最合理的方案，而策略与风险管理保障了方案的可实施性。

- 从战略洞察到业务设计，组合成战略规划，最核心的是选择，从机会点到目标到路径再到策略，在通盘考虑各种因素后，找到平衡点。而业务设计之后的分解与落地，形成战略执行，其核心在于过程管理和评估，即通过各项资源的使用，实现规划出的目标。自此，战略规划和业务流程规划形成完美循环。

4. 战略分解与落地：实现目标下放，落地 V/C

战略分解又被称为战略解码，其核心在于对目标的分解，是保证全体员工对公司战略理解的一致性，特别是行为一致性的关键环节。战略分解之前，需要全面理解已有的战略规划，了解组织的战略目标、战略路径和策略，以及背后的决策依据和逻辑。这将有助于确保战略分解与战略规划的一致性，并能够有效地传递战略信息。

因此，战略分解需要从"自上而下"开始，通过"自下而上"形成。战略承接路径如图 8-5 所示。

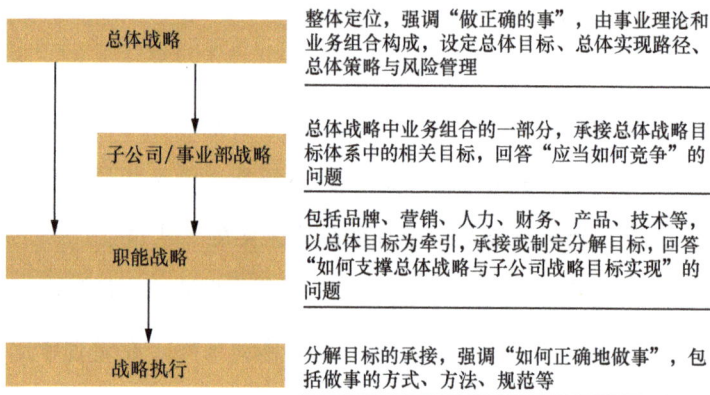

总体战略	整体定位，强调"做正确的事"，由事业理论和业务组合构成，设定总体目标、总体实现路径、总体策略与风险管理
子公司/事业部战略	总体战略中业务组合的一部分，承接总体战略目标体系中的相关目标，回答"应当如何竞争"的问题
职能战略	包括品牌、营销、人力、财务、产品、技术等，以总体目标为牵引，承接或制定分解目标，回答"如何支撑总体战略与子公司战略目标实现"的问题
战略执行	分解目标的承接，强调"如何正确地做事"，包括做事的方式、方法、规范等

图 8-5　战略承接路径

一是对战略规划进行宣贯，将战略规划中的信息传达给利益相关者，使其理解并能够执行相应的战略行动。将战略信息进行解析、整理和组织，形成易于理解和接受的内容。并使用清晰明了的语言，结合图表、案例和故事等形式来展示战略目标、战略路径和策略的核心要点。确保内容具备逻辑连贯性和可操作性，以提高员工对战略的理解，激发团队的合作和创新等。

二是对战略规划中半年或一年的目标进行详细说明，并粗略对目标进行分解，或制定目标分解的规则，明确承接部门与相关部门，并下发征求意见，或要求承接部门与相关部门按照规则形成自己的战略目标，以完成整体目标体系的分解。"自下而上"指各部门对整体战略的认知和了解，包括整体战略规划中的定位、方向、机会点、目标、路径及策略。其中，"定位—方向—机会点"提升了企业整体认知，给团队以信念；"目标—路径—策略"需要分解，是"自下而上"的重点，尤其是对一年目标的承接（一年目标需要实现，三年、五年目标需要了解，并做好未来目标实现的资源储备）。

各部门对整体战略的承接，一是需要对总体战略的一年目标分解提出意见，基于自身的发展情况，对承接目标的范围、目标值进行修正。二是需要对分解目标进行转化，要明确"在什么方面实现怎样的结果"，转化的内容应成为部门/团队的执行目标。三是基于分解后的目标，进行资源评估，即需要什么样的资源来实现执行目标。

例如，总体目标中"产品市场占有率达到 ××%"，分解后，由产品、技术、营销等部门共同承担，各部门需要根据自己的情况对指标进行转化。产品部门可以提出"产品在 ×× 上的体验提升 ××%，以提升产品市场占有率"的目标。而"产品在 ×× 上的体验提升 ××%"可以作为产品部门的整体目标，继续分解——可用性如何（效率有多高，易学性和安全性有多强等）。因此，分解后的目标需要一组关键指标体系来支撑。

这组关键指标体系代表了战略中的关键事项。这些关键事项能够支持战略目标达成，且聚焦差异化核心要素，以构建竞争优势。组织需要重点实施和管理的工作，如果不实施或实施失败，则可能导致战略失败。因此，这组关键指标体系需要组织层面重点关注。这组指标如此重要，需要投入大量资源，因此，指标需要聚焦"关键的少数"，即最重要、最集中、对战略目标绩效贡献最大的驱动因素。同时，影响战略成功的因素包括内在因素和外在因素，而这组指标则偏重强调通过主观努力能够改善的内在因素。

在目标分解的过程中，战略制定者应对团队进行定位，即明确在未来一段时间内的重点工作中，决策者、执行者和支持者都有谁，以及各自的职责有哪些。有分解目标、有承接团队、有战略目标，战略才有落地实施的可能。战略分解见表 8-3。

表 8-3　战略分解

总体目标	分解目标	指标体系	决策部门	职责	执行部门	职责	承接团队	职责	截止时间	负责人员	支持部门
×××	×××	×××	××	A/C	××	E/R	××	E	××	××	××
							××	E	××	××	××
				A	××	E	××	E/R	××	××	××
			××	P	××	D	××	E	××	××	××
		×××	××	C/D	××	E	××	E	××	××	××
							××	E/R	××	××	××
			××	A	××	E	××	E	××	××	××
				A/C	××	D	××	E	××	××	××
	×××	××	××	C/D	××	D/R	××	E	××	××	××
							××	E	××	××	××
		××	××	A	××	E	××	E	××	××	××
				A/P	××	D	××	E/R	××	××	××
							××	S	××	××	××
	×××	××	××	A	××	E	××	E	××	××	××
		××					××	E	××	××	××
		××	××	A/C	××	D	××	E	××	××	××
							××	E	××	××	××

A=Approve（批准），C=Create（创建），E=Execute（执行），D=Telegate（授权），
P=Propose（建议），R=Review（评审），S=Support（支持）

Tips:

- 战略分解的重点在于目标分解，以及从总路线图中分解可落地实施的路线图。
- 战略落地的核心在于确定分解目标的承接人，以及需要匹配的人、财、物等资源。

5. 战略执行与评估，形成闭环：评估 V/C 的实现

战略分解的主要目的在于统一思想与承接战略重点事项，因此，它是战略规划和战略落地之间的衔接。有了战略分解，才有战略执行的可能。因此，战略分解后需要跟进的是战略执行与评估。

战略执行是战略是否能够落地的关键节点，落地是否实现了战略规划中的预期，需要战略评估。战略评估将贯穿在战略执行的整个过程中。

在战略执行的过程中，需要进行项目协调沟通，不断监控战略关键事项的执行进程，追踪目标实现情况，并动态化地修正执行举措，进行风险评估。通过平日专题调度、月度自检核查、季度汇总通报来把控关键事项的进展。其中，平日专题调度主要是在日常对关键节点的完成情况进行调查与分析，并根据评估节点对后续可完成的情况进行风险评估。月度自检核查主要按月度进行，总结关键事项的进展情况，对可能出现的变

动进行分析和预警。季度汇总通报是按季度对关键事项进行盘点，并做出专题汇报，根据关键事项完成情况进行通报。

战略评估由战略台账和战略复盘构成。其中，战略台账需要在战略执行之前完成，即细化指标体系，包括各指标的执行者、协同者、里程碑、测评方法、资源投入情况等。

战略台账应用于战略执行的过程中，是战略执行的抓手。在战略执行的过程中，战略台账可用于评估团队协同情况和资源使用情况，按照测评方法，评估里程碑实现的可能性，并分析出存在的问题，以及问题改进建议，最终形成关键事项的专题报告。

战略复盘主要由半年工作会和年度工作会构成。其中，半年工作会包括战略方向是否需要调整、组织是否需要修正、目标是否需要调整、项目是否需要更新等。其关键在于总结过去、重在未来（下半年工作）。在总结过去方面，要把成绩说够、问题说透，既关注事项完成情况，也关注组织建设和团队协同。如果关键事项进展出现问题，则要在半年工作会中提出解决方案，在会后及时进行战略变更管理。年度工作会的重要性要优于半年工作会，在年度工作会中同样包括总结与开拓（对未来的情况需要战略滚动，即下一年度战略规划中实现。有时，在年度工作会召开前就需要完成下一年度战略规划，或完成战略规划的战略洞察）。因此，年度工作会要全面回顾年度战略目标的实现情况，并拆解到关键事项的完成情况。同时，检查战略制定时的内外部环境、逻辑假设条件是否仍然成立，比较预期结果和实际结果的差距。若超出预期结果，则基于完成情况，确定下一年度的实施目标，若不及预期结果，则思考是否可以接受，同样也需要确定下一年度实施目标的范围，并且还需要思考是否采取纠偏行动以确保目标结果符合预期。

战略执行与评估是战略落地的终点，最终形成战略闭环，其评估结果将指导下一次制定战略规划。

战略定力至关重要。战略是"一把手"工程，因此，战略定力考验着企业决策层。战略定力体现在 4 个方面：一是对未来的判断和笃定，相信未来方向必然会实现；二是对外部诱惑的抵御，即使有机会，也需要谨守初心；三是对企业全员的牵引，需要全员理解战略，并使全员充满信念；四是对提供价值的坚守，以及因实现价值而投入成本的坚持。

战略是长期工程，只有从发展的视角来看战略，才会发现战略的价值。它在短期肯定不会带来显著价值，在中长期是否能带来显著价值也有待商榷，战略本身的特性表明，它的价值在于厚积薄发。因此，战略的制定不是一蹴而就的，战略分解涉及承接战略各部门的职责与资源分配。战略评估则涉及各部门的考核事宜。因此，整个战略实现滚动，需要解决思想、团队利益等方面的问题。而当战略开始滚动，则意味着规则已经形成，所面临的问题就会大幅减少。

战略始终要回答的问题是"我是谁""我在哪里""我要去哪里"。其中，"我是谁"要解决的是企业到底提供什么价值，"我在哪里"是企业当前的定位，"我要去哪里"是企业未来的定位。

企业定位需要从 PCP 模型中导出，而企业提供的价值也需要基于 PCP 模型明确，即基于当前和未来的定位，价值消费方的本质需求是什么，企业应该如何提供。在此基础上，可通过 $D=V/C$ 来与竞品进行比较，只有 V/C 的值大于竞品，企业才会在竞争中获胜。因此，在战略的业务设计中，$D=V/C$ 与企业设定整体战略目标息息相关，需要围绕所产生的价值和价值消费来设计。

在战略分解中，需要应用企业内部商业流转模式，来明确企业内部各团队的职责，以分解整体目标，并设定资源投入方案，最终实现 $D=V/C$ 在市场中的领先。

因此，战略保障了企业 $D=V/C$ 的生成与落地，推动了 $D=V/C$ 的比值不断加大。

Tips:

- 战略评估极其重要，贯穿战略执行，是战略执行的核心抓手。同时，战略评估也是战略规划落地情况的总结，还是战略滚动的起点，与洞察中的"看自己"息息相关。
- 战略评估的核心是对战略目标实现情况的动态评估，既包括战略目标、关键事项的实现情况、资源使用情况，也包括在战略执行过程中组织运转情况和团队协同情况。

终　章

让人兴奋的未来

到 2048 年，人类要面临的可能就是迁移到网络空间、流动的性别认同，以及计算机植入装置所带来的新感官体验。就算他们找到了一份有意义的新工作，例如为 3D 设计最新的流行趋势，但可能短短 10 年内，仅是这个职业，甚至是所有需要类似艺术创意的工作都会被人工智能取代。所以，你在 25 岁的时候，交友网站上的自我介绍可能是"25 岁，女生，住在伦敦，从事时尚行业的工作"。但到了 35 岁，就变成"年龄调整中，非特定性别，新大脑皮层活动主要发生在'新宇宙虚拟世界'，人生的使命是要前往其他时尚设计师未曾踏足的领域"。到了 45 岁，就连"约会"和"自我定义"都成为过时的概念，只要等待算法帮你找到（或创造）完美的另一半就可以了。还想要从时尚设计中找到人生意义吗？现在算法的作品已经比你的作品强太多了，如果再去回顾你在 10 年前最满意的作品，只会让你无地自容，再也没有半点自豪感。而且，你也才 45 岁，后面还有好几个 10 年，等着你发生巨变。

上面这个例子当然只是个假设。没有人真正知道未来将如何变化，而且任何假设都可能与真正的未来相差甚远。如果某个人向你描述 21 世纪中叶的世界，听起来像是一部科幻小说，那么他很可能是错的。但如果某个人向你描述 21 世纪中叶的世界，听起来一点儿都没有科幻小说的意思，那他肯定是错的。虽然我们无法确定细节，但唯一能确定的就是一切都会改变。

—— 尤瓦尔·赫拉利

> 是的，我们无法预测未来会有什么改变，就如同我们刚进入21世纪时，无法想象我们现在身处的环境一样。

回顾历史，我们可以发现，人类能够发展都是因为技术在持续推动成本下降，并生产出更多的价值，例如能源、物流、商品、信息等，甚至包括人体本身。同样，企业会通过技术降低成本，生产比竞争对手更长的价值。个人为了实现自身的价值需求，也会选择 V/C 更大的选项。

站在 PCP 模型上，从 V/C 的流转角度来看，虽然价值消费是牵引价值生产的核心，但如果仅仅如此，V/C 提升会非常小。如果想有大幅提升，则需要对价值消费的需求有更深入的理解，生产出新的价值，并带动新价值的消费，即对需求进行牵引，因此重点还是在价值生产上。此时，价值消费只是指明了价值生产的方向，要提升价值生产与价值消费之间的势能，还需要创新式的价值生产，进而带动价值消费的升级。

幸运的是，我们已经看到了很多新的技术应用，这些新技术通过工程化落地，推动价值生产的创新式升级。这些创新式升级也将围绕一些特征展开。面向未来，我们终于可以说，一切过往，皆是序章。

1. 持续

"持续"意味着"不间断"，简单来说，"持续"不仅是指在一定时间内保持某种状态或行为的能力，也代表不间断地向前发展。随着科技的不断发展，人类生活的方方面面都在发生着翻天覆地的变化。在这个充满无限可能的时代，"持续"成为一个越来越重要的概念，也成为未来发展的核心驱动力。从社会、企业对"持续"的强调，已经细化到产品、物流、人、信息等方面，并成为所有行为的基础和牵引。因此，"持续"是未来价值生产的第一个特征。

2010 年，iPhone 4 上市，其电池容量刚超过 1400mAh，续航时间为 4 ～ 5 小时。2020 年上市的 iPhone 12 的电池容量为 2815mAh，续航时间为 8 ～ 10 小时。10 年时间，电池容量增长了两倍。2023 年，iPhone 15 发布，基础版的 iPhone 15 电池容量达到 3349mAh，较前代又有所提升。而 iPhone 系列在动力配备的提升上远远不如安卓系手机，安卓系手机的电池容量已经接近极致。续航对于新能源汽车的发展同样重要，新能源汽车的续航里程虽然以肉眼可见的速度提升，但仍有提升空间。如果我们把眼光看向尚未规模化应用的新型智能产品，例如 XR 眼镜，动力与续航也是它们成功路上不可忽略的问题。可以说，"持续"首要解决的就是驱动智能产品的动力与续航问题，例如，储能、小型化、柔性化、智能分配、降低功耗等。

动力获取与使用只是智能产品在"持续"上的一个表现，也是智能产品保持"持续"的基础。在连接的作用下，智能产品还需要"持续在线"——这里的智能产品需要从实体产品延伸到软件应用，成为人的器官的延伸，协助人不间断地探索世界。即使在暂停使用的时候，产品也需要持续在线，等待主人的唤醒，向主人提供实时信息。例如车虽然停在停车场，但车况信息和车外环境信息还是需要不断采集的。智能家居系统也需要持续地监测家中环境，并根据主人的需求自动调整温度、湿度、照明等。同时，智能产品还需要通过不断学习和优化，提高使用效率和寿命。

当实体产品进入物流系统时，也不会掉线。在物联网和信息技术的支持下，物流运输能够实现全程监控、智能调度及追溯。未来，物流公司可以实时监测货物的运输状态，并通过机器学习算法优化路线和时间，提高物流效率和安全性。

智能产品（包括实体产品和软件应用）的持续在线，意味着人也可以持续在线。通过智能产品，人们可以越来越方便地在网络上学习、工作和娱乐。未来，人们甚至可以通过虚拟现实和增强现实技术实现远程交流和互动，真正实现数字化生存。然而，对于人来说，"持续在线"只是表象。尤瓦尔·赫拉利在《今日简史》中提到："未来的重大改变，很有可能改变人生的基本架构，让'不连续性'成为最显著的特征。"这里的"不连续性"是指未来会打破人类一直以来的成长范式——在学习阶段累积各种信息，发展各种技能，在工作阶段依靠累积下来的技能闯荡世界。取代这种"不连续性"的恰恰是"持续"——不分年龄和阶段，持续地获取、学习各种知识和技能，并把所学的内容持续不断地应用在价值生产上。

因此，在产品（包括实体产品和软件应用）所提供的价值中，帮助人持续成长的工具属性至关重要，这样的属性在于不间断地采集、生成、处理、提供信息。信息持续生成和使用的必要性由此产生。

在未来，信息规模会持续扩大，复杂性也会持续增加。我们当前总被间断打扰的痛点和焦虑，例如手机充电、新能源汽车续航问题等，会被一一解决。

2. 自然

"自然"是未来价值生产的第二个特征，建立在"持续"之上。"自然"不仅要考虑智能产品生产时的可循环，也需要考虑使用过程中的交互是否符合人类的感知需求。

在追求智能产品高效、便捷、个性化、智能化的过程中，考虑智能产品的生产使用环境如何更加友好，成为未来的发展趋势。在其生产过程中，需要大量的人力、物力和环境资源，同时也会产生大量的废弃物。为减少对自然资源的消耗，需要选择可循环利用的材料；优化生产工艺，实现能源的节约和废弃物的减少；建立智能产品的回收和再利用体系，实现资源的再利用。在智能产品的使用过程中，设计是关键，设计可以使产品更加符合人的本能和感知。产品形态需要符合人的审美，材料需要具有合适的质感，屏幕需要具有高清晰度和适度的反光率，质感需要符合人的触感。好的交互设计可以让用户在使用产品时感到自然、舒适和愉悦。语音识别、手势识别、面部识别等人机交互方式的大规模应用已经逐渐成熟。同时，考虑到不同用户的文化水平、需求和习惯差异，提供多种交互方式，让用户可以根据自己的喜好和需求进行选择，也是极其重要的。

智能产品需要考虑人机交互，特别是在游戏产品中，人机交互的设计更为关键。例如，玩家需要通过操作角色来进行游戏，如果游戏的操作方式不符合人类的思维方式，就会让玩家感到无趣，从而影响游戏体验。因此，在设计软件应用产品时，要尽可能地接近人类的认知模式，提高用户的满意度。

3. 简单

在交互上的"自然"，最核心的体现是"简单"，但"简单"不仅存在于交互之中，而且还能够帮助人类更快捷、更高效地生产价值。因此，"简单"成为未来价值生产的第三个特征。它要求产品前台更易认知、学习、使用，所有繁杂技术能力都隐藏于产品后端，例如在后端的信息自主交互与处理后，只需要把最终结果"简单"地呈现给用户。

"简单"不仅是一种审美追求，更是一种用户体验哲学。"简单"不是指产品的功能简单，而是用户在使用产品时，不需要花费太多的时间和精力去理解产品的原理和操作方法，只需要按照产品的提示进行操作即可。这样可以提高用户的使用效率，降低用户的认知成本，使用户可以更加专注于生产价值本身。

"简单"并不意味着产品的功能简单。相反，产品的功能应该尽可能丰富和完善。只有这样，才能够满足用户的需求，让用户在使用产品的过程中获得更高的生产价值。

抛去繁杂，回归自然，"简单"不仅是我们对未来的需求，也是经济社会在未来的追求。

4. 多点

要实现"简单"的要求并不简单，尤其是在信息规模不断以指数级增长的情况下，隐藏在后端的繁杂技术有许多问题需要解决，例如动态存储、算力分配与调取、模型构建与运算、信息溯源等。分布式节点、分布式云、边缘计算、云网融合、人工智能等技术成为解决问题的方案，而这些解决方案均要求网络上节点之间的协同。"多点"也成为未来价值生产的第四个特征。

让我们回到信息全流程，"采集—传输—存储—处理—呈现/应用"，在可见的未来，这个流程仍具备生命力，只不过各节点能力在不断的耦合与解耦过程中会形成更多新模式，例如，"传输+处理""采集+处理+应用"。不管怎样，可以预见的是，随着用于决策的各种因素被监测与数字化，"采集"边界会不断扩大，从现实到虚拟，从人体到环境，从单模态到多模态，其规模会越来越大。虽然如此，但在"呈现／应用"上还需要满足"简单"的要求。受此影响，对信息全流程中的其他3个节点必然提出了更高的要求。例如，需要更大的带宽与低时延来承载海量的信息，需要更快更安全地录入读取信息，需要更大算力和算法来及时处理信息。

从价值生产上来看，未来的价值将不再只来源于单一的领域或行业，而是来自多个领域和行业。例如，智能交通、智能制造、智能医疗等领域的价值将会相互交织，形成更加多元化的价值链。同时，价值分配将更加"去中心化"，更加注重公平和公正。例如，通过区块链技术和"去中心化"应用，可以将价值分配到更加合理的位置，避免中心化机构的存在导致的不公平。

在多点价值生产中，每个节点都将成为价值生产的一个点。在这种模式下，每个节点都将拥有自己独特的能力和价值。这些点将通过以网络协同为基础的人人协同、机机协同、人机协同等方式来实现"个性化体验"价值生产。

因此，未来价值生产的多元化、"去中心化"、个性化和协同化，将会推动网络协同成为价值生产的核心驱动力。这种协同将涉及数据、计算、存储、模型构建与运算、信息溯源等方面，最终实现价值生产的创新。

5. 泛化

"多点"支撑了"简单"的实现，在"简单"的要求下，信息壁垒会被打破，信息形式将发生变化，例如多模态融合信息、升维信息（例如 3D 视觉信息）、虚拟与现实融合信息、外部信息显性化 / 可视化等。于是，人们的信息获取方式发生极大的改变，推动着信息承载平台的重新设计。一切都围绕"信息无障碍流转"建立，这必然会推动"泛化"形成，即在多维多模态信息的驱动下，实体产品连接无边界，软件应用无边界，人对信息"按需选取"，信息对人"按需匹配"。由此形成未来价值生产的第五个特征——"泛化"。

在信息时代的浪潮中，我们预见一个未来的世界，它已不再受时间和空间的影响，它是一个在"信息无障碍流转"原则下运行的新世界。在这个世界中，信息的形式突破了传统的模式，而这将推动技术向前发展，也将重塑我们的生活方式。

在这个新世界中，不仅包括文字、图片、声音，还包括触觉、嗅觉、味觉等所有可以感知的信息，我们将看到一个更加真实的宇宙。这种真实，不仅仅是视觉上的真实，更是对物理世界的深度理解。信息的获取方式将发生极大的改变，人们将不仅通过视觉和听觉来获取信息，而且会用所有的感官来感知信息。这将使我们更加深入地理解和感知世界，让我们的决策更加准确，行动更加有效。随着多模态融合信息的出现，信息承载平台需要支持多种感官渠道的输入，从而更好地满足人们的需求。

同时，虚拟世界和现实世界的界限将逐渐模糊，直到最后完全消失。在这个过程中，我们将创造新的世界、新的环境、新的体验，更好地模拟和预测未来。

在这个世界中，我们的生活将发生翻天覆地的变化。我们不再需要为了特定的目标去获取信息，在我们需要的时候，信息就会自动出现。我们对世界的理解将更加深入，我们的决策将更加准确，我们的生活将更加便利。

"泛化"既是未来价值生产的特征，也是信息时代的必然结果。

6. 信任

随着"泛化"，生成了未来价值生产的第六个特征——"信任"。在未来的世界中，"泛化"已经成为一种常态，信息无时无刻不在流动，人们也每时每刻都在获取信息。然而，随着信息来源的多样化，信息的真实性和价值也开始变得模糊，这将会增加人们的信息处理负担。同时，信息的应用也将变得更加普遍和复杂。人们需要处理的信息量将呈指数级增长，人们也将面临更多的信息安全问题，例如信息泄露、信息滥用等。于是，建立信息与人之间的"信任"就变得极为重要。因此，信息源可回溯、信息安全保障等目标也必然会成为"信任"建立的核心。

为了建立信息与人之间的"信任"，我们需要实现信息源的可回溯和信息的安全保障。信息源的可回溯意味着我们可以通过追溯信息的来源，确定信息的真实性和可靠性。信息的安全保障则意味着我们可以采用加密技术来保护信息的安全，防止信息泄露或滥用。此外，我们还可以采取一系列措施来保障信息安全，使人们不必担心信息被窃取或篡改。

信息已经成为一种重要的资源，在未来，它将时刻影响着我们的生活、工作，乃至社会发展。提升信息的可信度，必将有助于促进信息的流通，从而推动社会的发展。

7. 掌控

在"泛化"和"信任"的基础上，实现"掌控"将成为未来价值生产的第七个特征。我们生活在一个日益全球化、数字化、网络化的世界中。这种变化给我们带来了许多便利，同时也带来了许多挑战。其中，最大的挑战就是如何在这个复杂的世界中掌控我们自己的生活和未来。随着数字技术的发展，生产、存储和传播信息的能力已经达到前所未有的水平。然而，这种信息过载也带来了一些问题。许多人不仅为"信息茧房"所困，也陷入了"信息疲劳"，无法从大量的信息中提炼出有用的内容。此外，由于信息的泛滥，我们很难分辨哪些信息是可靠的，哪些信息是虚假的。这种情况下，如何有效地掌控信息成为提升个人自身掌控力的关键。

在过去，我们依靠传统媒体和政府机构来获取信息。然而，随着社交媒体和互联网的普及，在自媒体时代，每个人都可以成为信息的生产者和传播者。在这种情况下，人们被虚假信息误导的可能性大幅增加。各个平台提供的内容创作工具，可能也使虚假信息轻易变换"皮肤"，继续传播。在过去，我们往往依靠学历和职业来衡量一个人的价值。随着知识经济的发展，我们需要更加注重个人的创造力和创新力，而这需要我们利用数字技术来自动处理信息，以提高我们的工作效率。同时，随着互联网的普及，我们利用社交媒体和在线社区来建立广泛的人际关系，以获得更多的机会和资源。因此，如何消除虚假信息、如何帮助人们更好地提升自己的价值生产能力、如何帮助用户匹配更加合适的社会关系，并提升社会地位，成为企业的职责之一。

在未来，人们将更加注重对信息的掌控。随着信息化的不断深入，信息已经成为最重要的资源之一。人们将通过各种方式来获取和掌握信息，包括信息的主动获取、社交关系的建立等。同时，人们也将更加注重自身价值的培育和体现，通过不断学习和提升自身能力，以获得更多的掌控能力。而这正是未来对产品、服务，以及社会的要求——帮助人们更有效地掌控信息、掌控自我，进而掌控关系与资源。于是，"掌控"成为未来价值生产的必备特征。

8. 破坏

未来一切都会改变，如同"持续"改变了人类一直以来的线性成长过程一样，未来的改变就是对当前习惯和规则的"破坏"。从技术的发展角度看，尤其是信息技术的发展，时空维度肯定会被首先"破坏"。在时间上，破坏的是"逝者如斯夫"，保持时间完整性的全流程记录，降低时延，既可追溯过去，又可高效利用时间；在空间上，破坏的是"距离与空间割裂"，空间切换的连续性体验、实体空间的仿真、虚拟空间的扩展等技术实现了空间重构。由此，"破坏"成为未来价值生产的第八个特征。

可以说，有了"破坏"才有更好的"掌控"。只有破坏原有规则，在新规则的形成过程中，才有掌控的可能。在这个时代，我们正面临着一场空前的变革。技术的发展正以惊人的速度改变着我们的生活方式、思维方式和行为方式。而这场变革的根本动力就是"破坏"。这种破坏是对现有秩序的挑战和颠覆，是对未来的探索和创造。

随着信息技术的发展，时间的概念已经发生了根本性变化。我们可以通过全流程记录保存过去的信息，使历史变得更加完整。低时延技术让我们可以实时交流和沟通，拉近了彼此间的距离。数字技术让我们在虚拟空间中有可能拥有数字分身，时间的利用可以不再线性。过去的历史事实和未来的预期，在此时此刻，可以被同时把握，让我们有机会重新审视历史，从而更加深入地理解我们自身和所处的世界，也为未来的发展提供了更多的可能性。

在传统的社会中，空间的割裂造成人们的分离和隔阂。然而，随着信息技术的发展，空间的概念已经发生了根本性变化。

我们可以通过虚拟现实技术来模拟实体空间，在虚拟世界中进行交流和互动。同时，空间切换的连续性体验让我们可以在不同的地点之间自由穿梭，打破了空间的限制。这种对空间的"破坏"，使我们可以更好地连接和沟通，也为未来的发展提供了更多的想象空间。

在"破坏"之后，新的技术、新的经济、新的政治，将构成一个全新的未来。这个未来将不再是线性的、确定的，而是变幻莫测的、不确定的。在这个未来中，人类将如何适应这种改变，如何在这个全新的世界中找到自己的位置，将是我们需要思考的问题。创新的产品、创新的价值生产，将会大幅增加"破坏"的可能性，从而带领我们进入未来。

9. 融合

"破坏"之后是"融合"，只有"融合"才会形成新的规则。解耦和"去中心化"会产生巨大能量，这已被证实，例如社会化媒体的发展推动了信息流转的速度和效率。究其原因，在于通过解耦和"去中心化"，实现了重新分工，并使专业的人能够更加专注于擅长的领域，充分发挥人的主观能动性。但在解耦和"去中心化"的过程中，产生了新的问题，即如何高效地重新组合。"融合"是未来价值生产的第九个特征。任何个性化价值需求下的消费，都会通过融合形成新的价值生产来快速匹配，这正是"融合"的核心目标，例如，在不同场景下的不同模态信息的融合、生成与展现；针对个性化需求，融合生成的新功能；融合不同技术，形成新的价值……

融合是指在个性化价值的需求下，通过融合形成新的价值生产，并快速匹配需求。这种融合可以在不同场景下的不同模态信息中进行，人们将通过多种感官获得信息，例如视觉、听觉、触觉、味觉和嗅觉等。这些不同的模态信息将融合在一起，形成一种全新的信息体验。例如，在虚拟现实环境中，不同的感官信息将被融合在一起，使人们获得一种全新的体验。

在未来，每个人的需求都将被个性化地满足。技术的"跨界"将更加频繁地发生，通过融合不同的技术，我们可以为每个人提供定制化的功能和服务。例如，通过融合人工智能和生物识别技术，我们可以为每个人提供个性化的智能家居功能，因此，技术的发展将不再孤立。不同技术的融合将产生全新的价值，这种价值将是前所未有的。例如，将人工智能、区块链和物联网技术融合在一起，可以建立一个全新的智能物联网系统。

然而，融合并不是一件容易的事情，它需要我们不断地学习和探索。在融合的过程中，我们会遇到许多挑战和困难，但只有通过不断的努力和探索，我们才能实现真正的融合，才能创造真正的价值。

融合的过程也可以使人们更加自由和开放。通过融合，人们可以自由地选择自己的生活方式和工作方式，不受传统的限制和束缚，更加积极地参与到社会中，为社会创造更大的价值。

解耦和"去中心化"将继续推动社会的发展和进步。而"融合"将为我们带来前所未有的商业机会和商业价值。

10. 混沌

在新规则下，"融合"会形成新的世界，这个世界中的关系错综复杂，看似杂乱，却有规则。"混沌"是未来价值生产的最后一个特征，我们也必然会进入"混沌"世界，或者把"混沌世界"称为"元宇宙"也无不可。在"混沌"世界中，我们甚至可能分不清哪些是现实的，哪些是虚拟的，现实和虚拟的界限变得模糊。虚拟与现实相互融合，相互促进。我们可以通过模拟未来可能发生的事情，来辅助对现实的理解，并找到执行的最优路径，在虚拟世界中进行设计后，在现实世界中进行生产，也可以把实体虚拟化，在虚拟世界中进行实验。当然，在虚实融合的世界中，"眼耳鼻舌身"的多感官体验也更为真实，加上最为自然的交互，最终实现"心意"的提升。

2021 年 3 月，Roblox 上市，开启了"元宇宙"元年。2021年 10 月，Facebook 正式改名为"Meta"，"元宇宙"发展攀上了顶峰。元宇宙分层构成如图 I 所示。

从元宇宙的分层构成中可以看出，若要支撑虚拟世界中的价值生产到价值消费的整个链条，则支撑层需要足够强大，例如基础设施满足大算力、低时延，终端满足多模态信息的采集与生成，操作系统可以连接多个设备，还需要一套完善的经济运行体系。而当前基础设施、终端、操作系统、规则制定、算法等都算不上完善，虚拟世界的构建尚需时日。不管怎样，这些基础设施的不断完善，客观上推动了"元宇宙"愿景的快速实现。当"元宇宙"与真实世界相互映射时，我们也将进入"混沌"世界。

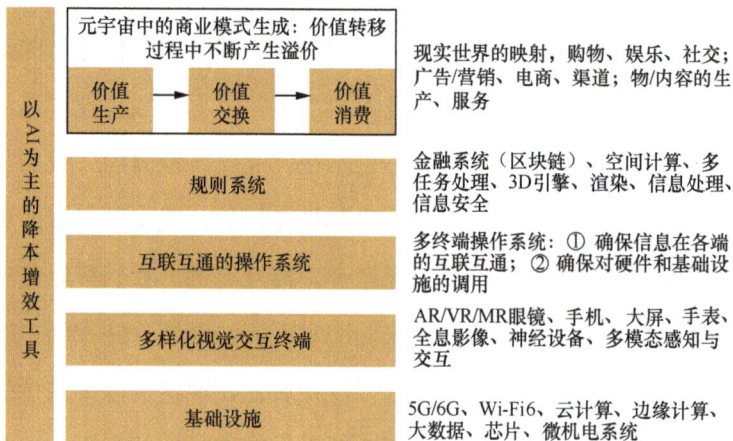

图 I　元宇宙分层构成

虚拟与现实的融合并非简单的现实虚拟化，也不是单纯的虚拟现实，这是一个更为复杂的过程，一个现实和虚拟相互影响、相互塑造的世界。我们可以对可能发生的事情进行虚拟，从而更好地理解现实，并提供执行的最佳路径。这一过程不仅在设计和生产领域有所体现，也在实验和探索中发挥巨大作用。

此外，我们也可以将实体虚拟化，通过虚拟空间进行实验。这种实体虚拟化的过程，使我们在现实世界中的体验和感受，能够以更为精确和细致的方式在虚拟世界中呈现。这个虚实融合的世界，不仅提供了更为逼真的多感官体验，也为我们提供了更为自然的交互方式。

虚实融合的世界，将为我们带来一种更为深刻的"心意"提升。这种提升不仅是技术上的，更是对我们自身认知和理解能力的提升。在这里，我们将能够更深入地理解我们的行为和情感，从而更好地塑造我们的未来。

当然，虚实融合的世界也带来了许多挑战。其中，最大的挑战可能是现实和虚拟的界限模糊。在这个世界中，我们如何区分现实和虚拟？我们如何确保我们的行为和决策是基于现实的判断，而不被虚拟影响？如何确保数据的安全？如何保证虚拟世界的公平公正？如何防止虚拟世界对现实世界的负面影响？这些问题都需要我们进行深入的思考和讨论，以寻找最佳的解决方案。

尽管面临诸多挑战，我们仍需坚定地向前看。通过制定合理的技术规范和社会规则，确保虚实融合世界能够为我们带来更多的可能性，而不是成为我们发展的阻碍。

我们将面临"混沌"世界中的许多未知可能，无法预知未来会带给我们什么，但我们可以通过不断的探索和实验，去发现和掌握这些可能。

这是一个充满未知和挑战的未来，也是一个充满希望和机遇的未来。我们应积极面对这个未来，以开放的心态去接受和适应这个变化。只有这样，才能在这个虚实融合的世界中，找到自己的位置和发展方向。只有这样，才能在这个快速发展的世界中，保持竞争力和创新力。

在未来的发展中，需要始终坚持"以人为中心"，尊重人的价值和尊严。只有始终坚持这一点，才能确保我们的发展和进步，是符合人的需求和价值的。

让我们一起迎接这个未来，一起创造我们的未来。

后　记

这本书如期写完，着实松了一口气，又有些惴惴不安。

在撰写过程中，发生了很多事情，例如生成式人工智能的爆火，基于生成式人工智能的一些应用的涌现……起初感觉科技发展得太快，很难再跟上其发展脚步，由此心生彷徨。但细细想来，这些发展尚未脱离本书的范畴，于是又恢复平静。

本书的目的是想总结自己对创新型企业发展的整体看法，侧重于各个环节之间的关系，以及各节点的定位和职能。因此，很多内容只是做了架构上的描述，在执行层面未能深入展开。例如，在价值消费上，只说明了需求的重要性，但如何细分人群，如何挖掘需求……未能详细说明。又如在渠道建立上，品牌的测量、品牌的成长、品牌的监控等也各有方法来实现，但为了不喧宾夺主，没有放入书中。随着多元数据规模的指数级增长，传统"小数据"的分析方法有了升级和创新，以适应"大数据"时代，这些也未能在书中呈现。不得不说，受限于自己的学识和能力，尚无办法将"面"和"点"有机地整合在一起，在收笔时，很是遗憾。也许后期有新的想法，可以尝试将框架和执行进行融合。

另外，战略中既包括了商业战略，也包括组织战略、财务战略和技术战略，但自己只是在商业战略方面有些小见解，其他领域不能多言，也不敢多言。曾经有伙伴问我，可以看哪些与战略相关的书籍，当时很难推荐。借这个机会，在每一章前面都纳入了自认为有帮助的书籍内容，既作为引子，又推荐给大家。在多年之后，给伙伴们一个答复，希望不会太晚。

比较满意的是，我自己可以从一个宏观的角度，逐渐细化到企业成长逻辑，又从企业成长趋势，返回到宏观趋势，也算是自己前半程工作的一些重点总结。希望这些内容能够给大家带来一些思考。

价值网络

数字经济时代的创新之路

任 超◎著

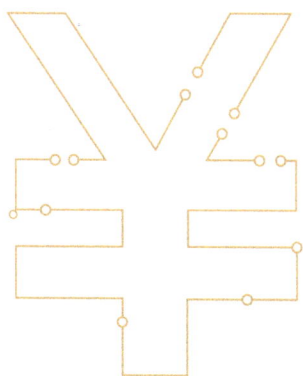

人民邮电出版社

北京

图书在版编目（CIP）数据

价值网络：数字经济时代的创新之路 / 任超著. --
北京：人民邮电出版社，2024.4
ISBN 978-7-115-63463-4

Ⅰ．①价… Ⅱ．①任… Ⅲ．①信息经济－研究 Ⅳ．
①F49

中国国家版本馆CIP数据核字(2024)第008826号

内 容 提 要

信息技术正在引发新一轮技术体系创新和生产力变革，进一步引领组织管理创新和生产关系变革，数字化转型的过程就是技术创新与管理创新协同互动，生产力变革与生产关系变革相辅相成，价值体系优化、创新和重构，不断创造新价值，打造新动能的过程。本书重点介绍了数据和信息技术在研发创新型产品、建立创新型企业的价值，并开创性地构建了各项信息技术之间的关联框架，可以使读者或从业者看到信息技术发展的全貌。本书适合从事数字化转型的企业领导和技术人员阅读和学习，也适合从事数字化转型的研究人员参考。

◆ 著　　　　任　超
　　责任编辑　赵　娟
　　责任印制　马振武
◆ 人民邮电出版社出版发行　　北京市丰台区成寿寺路 11 号
　　邮编 100164　　电子邮件 315@ptpress.com.cn
　　网址 https://www.ptpress.com.cn
　　固安县铭成印刷有限公司印刷
◆ 开本：880×1230　1/32
　　印张：7.5　　　　　　　　　2024 年 4 月第 1 版
　　字数：149 千字　　　　　　2025 年 9 月河北第 3 次印刷

定价：79.90 元

读者服务热线：(010)53913866　印装质量热线：(010)81055316
反盗版热线：(010)81055315